아유르베다 키친

아유르베다 요리를 통한 건강과 균형을 위한 1200 일 건강 레시피

정수 소

솜마리오

4

메인 코스: 커리 182

디저트 219

결론...**249**

소개

아유르베다 요리는 균형과 웰빙을 촉진하기 위해 전체 자연 식품의 사용을 강조하는 고대 인도의 관습입니다. 아유르베다 키친은 전통적인 아유르베다 원칙과 현대 요리 기술 및 재료를 결합한 100 가지 건강에 좋은 요리법을 제공합니다.

아침 식사부터 저녁 식사까지, 이 요리책은 영양과 맛을 모두 갖춘 다양한 요리를 제공합니다. 조리법에는 쌀과 렌즈 콩으로 만든 한 냄비 식사 인, 황금 우유, 강황으로 만든 따뜻하고 진정시키는 음료, 커민과 고수와 같은 향신료를 곁들인 야채 카레가 포함됩니다.

각 레시피에는 풀 컬러 사진이 첨부되며 사용된 재료의 특정 이점에 대한 정보가 포함되어 있습니다. 조리법 외에도 이 요리책은 아유르베다 원리에 대한 소개와 요리 및 식사에 적용할 수 있는 방법, 아유르베다 식료품 저장실 비축 방법에 대한 정보를 제공합니다.

를 처음 사용하든 노련한 실무자이든 아유르베다 키친 은 이 고대 관행을 일상 생활에 통합하고 식단을 통해 건강과 균형을 달성하는 데 유용한 리소스입니다.

귀하의 Dosha 를 위해 먹는 방법

의 기둥은 건강에 좋은 식사를 하고 도샤를 염두에 두는 것입니다. 건강은 마음, 몸, 정신의 균형에 기초하기 때문입니다. 이 섬세한 균형은 우리가 스스로 치유하는 존재이며 치료 음식, 균형 잡힌 생활 방식 및 내면의 평온을 선택함으로써 건강을 유지하거나 회복할 수 있다는 것을 상기시키는 원칙을 고수함으로써 달성됩니다.

도샤는 우리 모두에게 존재하지만 항상 더 우세한 하나의 도샤가 있으며 최적의 건강을 달성하기 위해 다른 두 개의 도샤와 균형을 이루어야 합니다. 몸에 연료를 공급하고 균형을 촉진하고 불균형을 유발하는 식사를 피하는 도샤 특정 음식을 섭취함으로써 이를 달성할 수 있습니다. 불균형은 소화 불량, 불면증, 불안, 피부 장애 등 많은 질병과 건강 문제의 근원입니다.

에 따르면 우주는 다섯 가지 요소로 구성되어 있습니다.

- 바유/항공
- 잘라/워터
- 아카쉬/스페이스
- 테자/불
- 프리트비/대지

이러한 요소가 결합하여 세 가지 고유한 도샤 또는 생명 에너지를 생성합니다.

a. Vata/공간과 공기

Vata 는 활기차고 창의적이며 표현력이 뛰어납니다. 그들은 마른 체형을 가진 가벼운 침목 경향이 있습니다. 이 도샤는 균형이 깨졌을 때 안절부절 못하고 약해집니다.

b. **피타/불과 물**

Pittas 는 지능적이고 야심적이며 재치가 빠른 사람들입니다. 그들은 짧은 시간 동안 깊은 잠을 자고 운동하는 체형을 가지고 있으며 일반적으로 따뜻합니다. Pitta 불균형은 피부 발진, 속쓰림 및 소화 불량을 유발할 수 있습니다.

c. **카파/물과 불**

Kaphas 는 양육하고 침착하며 사려 깊습니다. 그들은 일상에 감사하고 강한 신체를 가진 잠을 잘 잔다. 이 도샤가 균형을 잃으면 고체중, 우울, 과도한 수면이 될 수 있습니다.

먹을 음식(비건 및 글루텐 프리)

바타

a. **과일:** 사과, 바나나, 장과, 망고, 복숭아, 파인애플, 대추야자 및 무화과

b. **작살:** 퀴노아, 쌀, 귀리

c. **채소:** 고구마, 아스파라거스, 비트, 당근, 양파, 무, 순무, 녹두

d. **콩류:** 붉은 렌즈콩, 병아리콩, 녹두

e. **낙농:** 비건 버터, 비건 치즈, 비건 우유

f. **견과류와 씨앗:** 모든 견과류와 씨앗

g. **허브와 향신료:** 모든 허브와 향신료

피타

a. **과일:** 바나나, 멜론, 체리, 코코넛, 오렌지, 배, 파인애플, 자두, 건포도와 같은 달고 잘 익은 과일

b. **작살:** 퀴노아, 귀리, 밀, 흰 쌀

c. **채소:** 아스파라거스, 버섯, 브로콜리, 양배추, 당근, 콜리플라워, 오이, 강낭콩, 잎이 많은 채소, 완두콩, 감자, 스쿼시, 고구마

d. **콩류:** 검은콩, 병아리콩, 강낭콩, 렌즈콩, 녹두

e. **낙농:** 비건 버터, 비건 치즈, 비건 기 버터, 비건 우유

f. **견과류와 씨앗:** 껍질을 벗긴 아몬드, 코코넛, 아마씨

g. **허브와 향신료:** 바질, 계피, 생강, 민트, 사프란, 심황

카파

a. **과일:** 사과, 살구, 장과, 배, 석류, 말린 무화과, 자두, 건포도,

b. **작살:** 메밀, 옥수수, 기장 및 마른 귀리

c. **채소:** 아스파라거스, 비트, 브로콜리, 양배추, 당근, 콜리플라워, 가지, 마늘, 잎이 많은 채소, 버섯, 양파, 완두콩, 피망, 감자, 무

d. **콩류:** 검은콩, 병아리콩, 렌틸콩, 흰콩 등 대부분 허용 가능

e. **낙농:** 두유

f. **견과류와 씨앗:** 해바라기씨, 호박씨, 아마씨

g. **허브와 향신료:** 모든 허브와 향신료

피해야 할 음식

비타

a. **과일:** 말린 낟짜, 말린 무화과, 건포도, 자두, 생 사과, 크랜베리, 배, 석류 및 수박

b. **작살:** 메밀, 옥수수, 기장, 퀴노아, 밀

c. **채소:** 냉동 또는 생야채, 익힌 브로콜리, 콜리플라워, 버섯, 감자, 토마토

d. **고기:** 토끼, 양고기, 돼지 고기 및 사슴 고기

e. **콩류:** 콩과 병아리콩

f. **낙농:** 요거트

피타

a. **과일:** 자몽, 장과, 포도, 레몬, 대황을 포함한 대부분의 신 과일

b. **작살:** 옥수수, 기장 및 쌀

c. **채소:** 마늘, 사탕무, 칠리 페퍼, 가지, 양파, 토마토

d. **가금류:** 오리

e. **생선 및 해산물:** 바다 물고기

f. **고기:** 소고기, 양고기, 돼지고기

g. **콩류:** 간장

h. **낙농:** 소금에 절인 버터, 단단한 치즈, 사워크림, 요거트

i. **견과류와 씨앗:** 껍질을 벗긴 아몬드, 캐슈, 치아씨드, 헤이즐넛, 땅콩, 피칸, 피스타치오, 참깨, 호두

j. **허브와 향신료:** 베이 리프, 카이엔, 마늘, 육두구, 파프리카, 로즈마리, 세이지, 타임

카파

a. **과일:** 바나나, 코코넛, 대추야자, 자몽, 키위, 오렌지, 자두, 수박

b. **작살:** 약힌 귀리, 쌀, 밀

c. **채소:** 오이, 올리브, 호박, 고구마, 호박

d. **가금류:** 오리와 다크 칠면조

e. **생선 및 해산물:** 물고기

f. **고기:** 소고기, 양고기, 돼지고기

g. **콩류:** 콩, 강낭콩, 된장

h. **낙농:** 버터, 치즈, 우유, 요거트

i. **견과류와 씨앗:** 캐슈, 헤이즐넛, 땅콩, 피칸, 피스타치오, 참깨 및 호두

j. **허브와 향신료:** 소금

아침과 브런치

1. 메밀 크레이프

만들다: 크레이프 3 개

재료:

- 물 $\frac{1}{2}$ 컵
- 생강 가루 $\frac{1}{4}$ 작은술
- 갈은 아마씨 1 티스푼
- 메밀 $\frac{1}{2}$ 컵
- 계피 $\frac{1}{2}$ 작은술
- 요리용 비건 버터

지침:

a) 그릇에 모든 재료를 섞습니다. 혼합물을 8-10 분 동안 그대로 둡니다.

b) 요리할 준비가 되면 팬에 비건 버터를 두르고 중불로 가열합니다.

c) 반죽을 3 스푼 떠서 숟가락 뒷면으로 얇게 펴주세요.

d) 윗면에 기포가 생기기 시작하면 크레이프를 조심스럽게 뒤집고 반대쪽도 몇 분 동안 익힙니다.

2. 힐링 브랙퍼스트 라씨

만들다: 2 인분

재료:
- 코코넛 아몬드 요거트 ½ 컵
- 정수된 물 또는 샘물 ½ 컵
- 1 Medjool 날짜 구덩이
- 심황 가루 꼬집기
- 계피 가루 꼬집기
- 판치 카다몬 파우더
- 사프란 스티그마 3 개 옵션

지침:
a) 모든 재료를 믹서기에 넣고 부드러워질 때까지 2 분간 펄싱합니다.
b) 즉시 마시십시오.

3. 기장 외플

만든다: 4

재료:

- 기장 1 컵
- 볶지 않은 메밀 1 컵
- 아마씨 $\frac{1}{4}$ 컵
- 잘게 썬 무가당 코코넛 플레이크 $\frac{1}{4}$ 컵
- 당밀 또는 아가베 2 큰술
- 정제되지 않은 코코넛 오일 2 큰술
- 소금 $\frac{1}{2}$ 작은술
- 계피 가루 1 티스푼
- 오렌지 제스트 1 개
- $\frac{1}{4}$ 컵 해바라기 씨
- 초콜릿 시럽

지침:

a) 기장, 메밀, 아마를 접시에 담고 물을 붓는다. 하룻밤 동안 그대로 두었다가 물기를 뺍니다.

b) 곡물을 덮을 만큼 충분한 물과 함께 믹서기에 곡물을 넣습니다.

c) 해바라기 씨를 제외한 나머지 재료를 섞는다.

d) 걸쭉한 반죽을 만들기 위해 섞는다.

e) 뜨거운 와플 메이커에 반죽을 넣습니다.

f) 반죽에 해바라기 씨를 뿌리고 제조업체의 지침에 따라 굽습니다.

- 좋아하는 토핑을 얹거나 얹지 않고 서빙하세요.

4. 두부와 케일 스크램블

만든다: 2

재료:
- 다진 케일 2 컵
- 올리브 오일 2 큰술
- 물기를 빼고 잘게 부순 매우 단단한 두부 8 온스
- 얇게 썬 붉은 양파 $\frac{1}{4}$ 개
- 얇게 썬 $\frac{1}{2}$ 고추

소스
- 물
- 강황 $\frac{1}{4}$ 큰술
- 바다소금 $\frac{1}{2}$ 큰술
- 간 커민 $\frac{1}{2}$ 큰술
- 마늘가루 $\frac{1}{2}$ 큰술
- 칠리 파우더 $\frac{1}{4}$ 큰술

봉사를 위해
- 아침 감자 또는 토스트
- 살사
- 고수
- 매운 소스

지침:

소스

a) 접시에 마른 향신료를 충분한 물과 함께 부어 소스를 만듭니다. 따로 보관하십시오.

b) 프라이팬에 올리브 오일을 두르고 양파와 붉은 고추를 볶습니다.

c) 야채를 넣고 볶다가 소금과 후추로 간을 맞춥니다.

d) 5 분 동안 또는 부드러워질 때까지 조리합니다.

e) 케일을 넣고 뚜껑을 덮고 2 분간 찐다.

f) 야채를 팬 한쪽으로 옮기고 두부를 넣습니다.

g) 2 분 후 소스를 넣고 재빨리 저어 소스가 골고루 퍼지도록 합니다.

h) 추가로 6 분 동안 또는 두부가 약간 갈색이 될 때까지 조리합니다.

i) 아침 감자 또는 빵과 함께 제공하십시오.

5. 과일 및 퀴노아 단백질 귀리

만든다: 1

재료:

- $\frac{1}{4}$ 컵 플레이크 글루텐 프리 압연 귀리
- 익힌 퀴노아 $\frac{1}{4}$ 컵
- 천연 바닐라 비건 단백질 파우더 2 큰술
- 아마씨 가루 1 큰술
- 계피 1 큰술
- $\frac{1}{4}$ 바나나, 으깬 것
- 액상 스테비아 몇 방울
- $\frac{1}{4}$ 컵 라즈베리
- 블루베리 $\frac{1}{4}$ 컵
- $\frac{1}{4}$ 컵 깍둑썰기한 복숭아
- 무가당 아몬드 우유 $\frac{3}{4}$ 컵

토핑:

- 구운 코코넛
- 아몬드 버터
- 아몬드
- 건조 된 과일들
- 신선한 과일

지침:

a) 귀리, 퀴노아, 단백질 파우더, 아마 가루, 계피를 섞고 저어 섞습니다.

b) 으깬 바나나, 스테비아, 딸기, 복숭아를 넣습니다.

c) 아몬드 우유를 넣고 재료를 섞는다.

d) 밤새 냉장고에 보관하십시오.

e) 차갑게 서빙하세요

6. 사과 시리얼

분량: 1 인분

재료:
- 사과 1 개
- 배 1 개
- 2 스틱 셀러리
- 물 1 큰술
- 판치 계피

지침:

a) 사과, 배, 셀러리를 조각으로 자르고 믹서기에 넣습니다.

b) 과일과 채소를 물과 함께 부드러운 농도로 혼합합니다.

c) 원하는 경우 계피로 양념하십시오.

7. 콜리플라워 속을 채운 파라타

만든다: 12

재료:

- 갈은 콜리플라워 2 컵
- 굵은 바다 소금 1 타스푼
- 가람 마살라 ½ 작은술
- 강황 가루 ½ 작은술
- 1 배치글루텐 프리로티 반죽

지침:

a) 깊은 그릇에 콜리플라워, 소금, 가람 마살라, 강황을 섞습니다.

b) 로티 반죽에서 골프 공 크기의 일부를 손바닥 사이에서 굴립니다.

c) 손바닥으로 평평하게 펴고 보드에 굴립니다.

d) 반죽 중앙에 한 숟가락의 콜리플라워 필링을 놓습니다.

e) 가운데에서 만나도록 양쪽을 모두 접습니다.

f) 광장에 먼지를 털어내다글루텐 프리 밀가루.

g) 얇고 둥글게 될 때까지 다시 굴립니다.

h) 프라이팬을 가열한 다음 파라타를 넣고 30 초 동안 또는 단단해질 때까지 요리합니다.

i) 뒤집어서 30 초간 익힌다.

j) 기름을 두르고 양면이 약간 갈색이 될 때까지 굽습니다.

8. 시금치 속을 채운 파라타

제작: 20-24

재료:

- 물 1 컵
- 3 컵글루텐 프리파리타 가루
- 손질하고 잘게 썬 신선한 시금치 2 컵
- 굵은 바다 소금 1 티스푼

지침:

a) 푸드 프로세서에 글루텐 프리 밀가루와 시금치를 섞습니다.

b) 물과 소금을 넣고 반죽이 끈적해질 때까지 섞는다.

c) 표면이 부드러워질 때까지 몇 분 동안 반죽합니다.

d) 골프 공 크기의 반죽을 손바닥 사이로 굴립니다.

e) 손바닥 사이로 눌러 평평하게 만든 후 표면에 펴줍니다.

f) 뒤집기 전에 무거운 프라이팬에서 30 초 동안 요리하십시오.

g) 기름을 넣고 모든 면이 완전히 갈색이 될 때까지 요리합니다.

9. 캐슈넛으로 갈라진 밀 치유하기

구성 3 인분

재료:

- 레몬 1 개의 주스
- 빻은 밀 1 컵
- 껍질을 벗기고 다진 노란색 또는 붉은 양파 ½ 개
- 굵은 바다 소금 1 티스푼
- 끓는 물 2 컵
- 껍질을 벗기고 다진 당근 1 개
- 기름 1 큰술
- 태국, 세라노 또는 카이엔 고추 1 개,
- ¼ 컵 생 캐슈넛, 드라이 로스팅
- 흑겨자씨 1 티스푼
- 굵게 다진 카레 잎 4 개
- 신선 또는 냉동 완두콩 ½ 컵

지침:

a) 갈라진 밀을 7 분 동안 또는 갈색이 될 때까지 건조 굽습니다.

b) 크고 무거운 냄비에 기름을 데웁니다.

c) 겨자씨를 넣고 30 초 동안 또는 지글지글해질 때까지 요리합니다.

d) 카레 잎, 양파, 당근, 완두콩, 고추를 3 분간 볶습니다.

e) 빻은 밀, 캐슈넛, 소금을 넣고 잘 섞습니다.

f) 혼합물에 끓는 물을 추가합니다.

g) 액체가 완전히 흡수될 때까지 뚜껑 없이 끓입니다.

h) 요리 시간이 끝나면 레몬 주스를 추가하십시오.

i) 맛이 섞이도록 15 분 동안 따로 둡니다.

10. 스플릿 그램 & 렌즈콩 크레페

만든다: 3

재료:

- 껍질을 벗기고 반으로 자른 양파 $\frac{1}{2}$ 개
- 불린 바스마티 현미밥 1 컵
- 담근 스플릿 그램 2 큰술
- 불린 호로파 씨앗 $\frac{1}{2}$ 작은술
- $\frac{1}{4}$ 컵 껍질이 있는 통 검은 렌즈콩
- 굵은 천일염 1 티스푼
- 기름, 튀김용
- 물 1$\frac{1}{2}$ 컵

지침:

a) 렌즈 콩과 쌀을 물로 펼상하십시오.

b) 반죽은 약간 따뜻한 곳에서 6~7 시간 발효시켜주세요.

c) 철판을 중불로 예열합니다.

d) 팬에 기름 1 티스푼을 두릅니다.

e) 팬이 뜨거워지면 양파의 자르지 않은 둥근 부분에 포크를 넣습니다.

f) 포크 손잡이를 잡은 상태에서 자른 양파 반쪽을 팬에 앞뒤로 문지릅니다.

g) 나중에 사용할 수 있도록 숟가락으로 작은 기름 그릇을 옆에 두십시오.

h) 뜨겁게 예열된 팬 중앙에 반죽을 넣습니다.

i) 반죽이 얇고 크레이프처럼 될 때까지 국자 뒷면을 팬 중앙에서 바깥쪽 가장자리까지 시계 방향으로 천천히 움직입니다.

j) 숟가락으로 반죽 주위의 원에 기름을 얇게 붓습니다.

k) 약간 갈색이 될 때까지 도사를 요리하십시오.

l) 반대쪽도 뒤집어 익혀주세요.

m) 매운 제라 또는 레몬 감자, 코코넛 처트니, 삼바르와 함께 제공합니다.

11. 힐링 병아리콩 밀가루 크레페

만든다: 8

재료:

- 고수 가루 ½ 작은술
- 강황 가루 ½ 작은술
- 다진 녹색 태국 고추, 세라노 고추 또는 카이엔 고추 2 개
- 말린 호로파 잎 ¼ 컵
- 2 컵 그램 밀가루
- 붉은 고추 가루 또는 카이엔 1 티스푼
- 기름, 튀김용
- 껍질을 벗기고 갈거나 다진 생강 뿌리 1 조각
- 다진 신선한 고수 ½ 컵
- 굵은 바다 소금 1 티스푼
- 물 1½ 컵
- 껍질을 벗기고 다진 양파 1 개

지침:

a) 큰 믹싱 볼에 밀가루와 물을 넣고 부드러워질 때까지 섞습니다. 따로.

b) 오일을 제외한 나머지 재료를 섞는다.

c) 철판을 중불로 예열합니다.

d) 철판에 기름 $\frac{1}{2}$ 티스푼을 펴 바릅니다.

e) 반죽을 팬 중앙에 붓습니다.

f) 반죽을 국자 뒷면으로 팬 중앙에서 바깥쪽으로 시계 방향으로 둥글게 펴서 얇고 둥근 팬케이크를 만듭니다.

g) 푸어리의 한쪽 면을 약 2 분 동안 익힌 다음 뒤집어서 다른 쪽 면을 익힙니다.

h) 주걱으로 가운데 부분도 익도록 눌러주세요.

i) 옆에 민트 또는 복숭아 처트니와 함께 제공하십시오.

12. 크림 라이스 크레페

구성 6 인분

재료:
- 쌀 크림 3 컵
- 무가당 플레인 요거트 2 컵
- 물 3 컵
- 굵은 바다 소금 1 티스푼
- 간 후추 $\frac{1}{2}$ 작은술
- 붉은 고추 가루 또는 카이엔 $\frac{1}{2}$ 작은술
- 껍질을 벗기고 곱게 다진 노란색 또는 붉은 양파 $\frac{1}{2}$ 개
- 잘게 썬 그린 타이, 세라노 또는 카이엔 칠리 1 개
- 팬에 튀길 기름, 접시에 따로 담아두기
- 껍질을 벗기고 반으로 자른 양파 $\frac{1}{2}$ 개

지침:
a) 쌀 크림, 요거트, 물, 소금, 후추, 고춧가루를 큰 믹싱 볼에 넣고 살짝 발효되도록 30 분간 둡니다.
b) 양파와 고추를 넣고 부드럽게 섞습니다.
c) 철판을 중불로 예열합니다.
d) 팬에 기름 1 티스푼을 두릅니다.
e) 팬이 뜨거워지면 양파의 자르지 않은 둥근 부분에 포크를 넣습니다.
f) 자른 양파 반쪽을 팬에 앞뒤로 문지릅니다.
g) 도사 사이에 사용할 수 있도록 포크가 삽입된 양파를 편리하게 보관하십시오.
h) 뜨겁게 준비한 팬 중앙에 반죽을 충분히 붓습니다.

i) 반죽이 얇고 크레이프처럼 될 때까지 국자 뒷면을 팬 중앙에서 바깥쪽 가장자리까지 시계 방향으로 천천히 움직입니다.

j) 숟가락으로 반죽 주위의 원에 기름을 얇게 붓습니다.

k) 살짝 갈색이 되고 팬에서 분리되기 시작할 때까지 도사를 요리합니다.

l) 반대쪽도 익혀주세요.

13. 마살라 두부 스크램블

구성 2 인분

재료:
- 부서진 매우 단단한 유기농 두부 14 온스 패키지
- 기름 1 큰술
- 커민 씨앗 1 티스푼
- 껍질을 벗기고 다진 양파 $\frac{1}{2}$ 개
- 껍질을 벗기고 간 생강 뿌리 1 조각
- 잘게 썬 그린 타이, 세라노 또는 카이엔 칠리 1 개
- 강황 가루 $\frac{1}{2}$ 작은술
- 붉은 고추 가루 또는 카이엔 $\frac{1}{2}$ 작은술
- 굵은 바다 소금 $\frac{1}{2}$ 작은술
- 흑염 $\frac{1}{2}$ 작은술
- 다진 신선한 고수 $\frac{1}{4}$ 컵

지침:
a) 무겁고 평평한 팬에 기름을 두르고 중불로 가열합니다.

b) 커민을 넣고 30 초 동안 또는 씨가 지글지글해질 때까지 요리합니다.

c) 양파, 생강 뿌리, 고추, 강황을 넣습니다.

d) 자주 저어주면서 2 분 동안 익히고 갈색이 되도록 합니다.

e) 두부를 고루 섞어주세요.

f) 고춧가루, 천일염, 흑염, 고수로 간을 합니다.

g) 철저히 결합하십시오.

h) 토스트와 함께 제공하거나 뜨거운 로티 또는 파라타에 싸서 제공합니다.

14. 캐롭 씨앗 팬케이크

만든다: 4

재료:

- 글루텐 프리 밀가루 1 컵
- 식물성 기름 2 큰술
- 콩 요거트 1 컵
- 껍질을 벗기고 잘게 썬 붉은 양파 ¼개
- 소금, 맛
- 필요에 따라 실온의 물
- 베이킹 파우더 ¼ 티스푼
- 캐롬 씨앗 ¼ 작은술
- 씨를 빼고 잘게 썬 빨간 피망 1 개
- 씨를 제거하고 잘게 썬 토마토 ½개

지침:

a) 밀가루, 콩 요거트, 소금을 섞습니다. 잘 섞다.

b) 팬케이크 반죽의 농도가 될 때까지 물을 충분히 추가합니다.

c) 베이킹 파우더를 추가합니다. 따로.

d) 캐롬 씨, 양파, 피망, 토마토를 믹싱볼에 넣고 섞습니다.

e) 몇 방울의 기름으로 철판을 예열하십시오.

f) 철판 중앙에 ¼ 컵 반죽을 놓습니다.

g) 팬케이크가 아직 촉촉한 동안 토핑을 추가합니다.

h) 가장자리에 오일 몇 방울을 떨어뜨립니다.

i) 팬케이크를 뒤집어서 2 분간 더 굽습니다.

- 뜨겁게 서빙하십시오.

15. 힐링 살구 바질 스무디

구성 스무디 1 개

재료

- 신선한 살구 4 개
- 신선한 바질 잎 몇 개
- 체리 $\frac{1}{2}$ 컵
- 물 1 컵

지침

a) 모든 재료를 믹서기에 갈아줍니다.
b) 즐기다.

16. 재거리 팬케이크

구성 팬케이크 8 개

재료:

- 1 컵 글루텐 프리 밀가루
- 재거리 $\frac{1}{2}$ 컵
- 회향씨 $\frac{1}{2}$ 작은술
- 물 1 컵

지침:

a) 큰 믹싱 볼에 모든 재료를 넣고 최소 15 분 동안 따로 둡니다.

b) 중불에서 기름을 살짝 두른 철판이나 프라이팬을 가열합니다.

c) 철판에 반죽을 붓거나 떠서 넣습니다.

d) 반죽을 너무 묽게 하지 말고 국자 뒤쪽으로 중앙에서 시계 방향으로 살짝 펴줍니다.

e) 양면을 모두 갈색으로 만들고 즉시 제공합니다.

17. 호두죽

만든다: 5

재료:
- 피칸 $\frac{1}{2}$ 컵
- 아몬드 $\frac{1}{2}$ 컵
- $\frac{1}{4}$ 컵 해바라기 씨
- 치아씨드 $\frac{1}{4}$ 컵
- 무가당 코코넛 플레이크 $\frac{1}{4}$ 컵
- 무가당 아몬드 우유 4 컵
- 계피 가루 $\frac{1}{2}$ 작은술
- 생강 가루 $\frac{1}{4}$ 작은술
- 가루 스테비아 1 티스푼
- 아몬드 버터 1 큰술

지침:

a) 푸드 프로세서에서 피칸, 아몬드, 해바라기 씨를 섞습니다.

b) 프라이팬에 견과류 믹스, 치아씨드, 코코넛 플레이크, 아몬드 우유, 향신료, 스테비아를 넣고 부드럽게 끓입니다. 20 분간 끓인다.

c) 아몬드 버터 덩어리와 함께 제공하십시오.

18. 복숭아가 들어간 시나몬 퀴노아

만든다: 6

재료:

- 요리 용 스프레이
- 물 2 $\frac{1}{2}$ 컵
- 계피 가루 $\frac{1}{2}$ 작은술
- 무지방 하프 앤 하프 1$\frac{1}{2}$ 컵
- 익히지 않은 퀴노아 1 컵, 헹구고 물기를 뺀다
- 설탕 $\frac{1}{4}$ 컵
- 바닐라 추출물 1$\frac{1}{2}$ 티스푼
- 냉동 무가당 복숭아 조각 2 컵
- $\frac{1}{4}$ 컵 다진 피칸, 건조 로스팅

지침:

a) 슬로우 쿠커에 쿠킹 스프레이를 바릅니다.

b) 물을 채우고 퀴노아와 계피를 약불에서 2 시간 동안 끓입니다.

c) 별도의 그릇에 하프앤하프, 설탕, 바닐라 에센스를 함께 휘젓습니다.

d) 퀴노아를 그릇에 담습니다.

e) 그 위에 복숭아를 얹고 하프 앤 하프 혼합물과 피칸을 얹습니다.

19. 퀴노아 죽

만든다: 1

재료:
- 물 2 컵
- 유기농 바닐라 추출물 ½ 티스푼
- 코코넛 밀크 ½ 컵
- 익히지 않은 레드 퀴노아 1 컵, 헹구고 물기를 뺍니다.
- 곱게 간 신선한 레몬 제스트 ¼ 티스푼
- 액상 스테비아 10-12 방울
- 계피 가루 1 티스푼
- 간 생강 ½ 작은술
- 육두구 가루 ½ 작은술
- 다진 정향 한 꼬집
- 다진 아몬드 2 큰술

지침:
a) 프라이팬에 퀴노아, 물, 바닐라 익스트랙을 넣고 끓입니다.
b) 약한 불로 줄이고 15 분 정도 끓인다.
c) 코코넛 밀크, 레몬 제스트, 스테비아, 향신료를 퀴노아와 함께 프라이팬에 넣고 저어줍니다.
d) 불에서 퀴노아를 꺼내 바로 포크로 휘젓는다.
e) 서빙 그릇에 퀴노아 혼합물을 고르게 나눕니다.
f) 다진 아몬드로 장식합니다.

20. 힐링티

구성 2 인분

재료:

- 물 10 온스
- 정향 3 개
- 금이 간 전체 녹색 카다멈 꼬투리 4 개
- 검은 통후추 4 개
- $\frac{1}{2}$ 스틱 계피
- 홍차 $\frac{1}{4}$ 작은술
- 두유 $\frac{1}{2}$ 컵
- 신선한 생강 뿌리 2 조각

지침:

a) 물을 끓인 다음 향신료를 넣으십시오.

b) 홍차를 넣기 전에 뚜껑을 덮고 20 분간 끓입니다.

c) 몇 분 후 두유를 넣고 다시 끓입니다.

d) 그것을 걸러 내고 꿀로 달게하십시오.

21. 아티초크 워터

구성 2 인분

재료:

● 줄기를 잘라 손질한 아티초크 2 개

지침:

a) 큰 냄비에 물을 끓입니다.

b) 아티초크를 넣고 30 분간 끓입니다.

c) 아티초크를 제거하고 나중을 위해 따로 보관합니다.

d) 한 컵을 마시기 전에 물을 식히십시오.

22. 골든 아몬드와 강황 우유

구성 2 인분

재료:

- 강황 $\frac{1}{8}$ 작은술
- 물 $\frac{1}{4}$ 컵
- 아몬드 우유 8 온스
- 생 아몬드 오일 2 큰술
- 꿀 맛

지침:

a) 강황을 물에 8 분 동안 끓입니다.

b) 아몬드 우유와 아몬드 오일을 끓입니다.

c) 끓기 시작하면 바로 불에서 내린다.

d) 두 혼합물을 섞는다.

e) 꿀로 달게 하십시오.

애피타이저 및 스낵

23. 오크라와 오이 바이트

만든다: 4

재료:

- 오크라 1½ 파운드, 헹구고 줄기를 제거하고 세로로 슬라이스
- 얇게 썬 오이 1 개
- 고춧가루 1 티스푼
- 따뜻한 향신료 믹스 ½ 작은술
- 마른 망고 가루 1 티스푼
- 병아리콩 가루 3 ½ 큰술
- 식물성 기름 2 컵
- 차트 스파이스 믹스 1 티스푼
- 식탁용 소금

지침:

a) 고춧가루, 양념 믹스, 마른 망고 가루를 그릇에 담습니다.

b) 이 혼합물로 오크라를 뿌린다.

c) 오크라 위에 병아리콩 가루를 뿌린다.

d) 각 조각을 가볍고 고르게 코팅하기 위해 철저히 던지십시오.

e) 깊은 팬에 식물성 기름을 넣고 연기가 날 때까지 370°로 가열합니다.

f) 오크라를 한꺼번에 넣고 4 분 동안 또는 완전히 갈색이 될 때까지 튀깁니다.

g) 슬롯 형 스푼으로 제거하고 종이 타월로 물기를 제거하십시오.

h) 오크라와 오이에 향신료 혼합물을 뿌립니다.

- 모든 것을 함께 버무리고 소금으로 간을 맞춥니다.

24. 타마린드를 곁들인 고구마

만든다: 4

재료:

- 신선한 레몬즙 1 큰술
- 껍질을 벗기고 깍뚝썰기한 고구마 4 개
- 흑염 $\frac{1}{4}$ 작은술
- 타마린드 처트니 1$\frac{1}{2}$ 큰술
- $\frac{1}{2}$ 티스푼 커민 씨, 구운 후 가칠게 두드린 것

지침:

a) 포크 텐더가 될 때까지 소금물에 고구마를 7 분간 익힙니다.

b) 배수하고 식히기 위해 따로 보관하십시오.

c) 믹싱볼에 모든 재료를 넣고 부드럽게 섞는다.

d) 네모난 고구마에 이쑤시개를 꽂은 그릇에 담습니다.

25. 아몬드 바

만든다: 4 개의 막대기

재료:

- 아몬드 1½ 컵
- 3 일
- 불린 살구 5 개
- 계피 1 티스푼
- 잘게 썬 코코넛 ½ 컵
- 카다멈 1 꼬집
- 생강 1 꼬집

지침:

a) 푸드 프로세서에서 아몬드를 고운 가루로 갈아줍니다.

b) 코코넛과 향신료를 넣고 다시 섞습니다.

c) 대추와 살구가 잘 섞일 때까지 섞습니다.

d) 직사각형 막대로 자릅니다.

26. 무화과 배

분량: 2 인분

재료:

- 불린 무화과 5 개
- 계피 $\frac{1}{2}$ 작은술
- 육두구 꼬집음 1 개
- 무화과의 불린 물 $\frac{1}{2}$ 컵
- 강판에 간 신선한 생강 1 조각
- 배 1 개
- $\frac{1}{4}$ 컵 호두
- 레몬즙 2 티스푼

지침:

a) 푸드 프로세서에서 호두를 펄싱합니다.

b) 무화과를 넣고 다시 섞는다.

c) 잘 섞일 때까지 나머지 재료를 섞습니다.

d) 배를 썰어 혼합물을 위에 펴 바릅니다.

27. 스파이스 볼

만들다: 10-15 공

재료:

- 다진 정향 2 작은술
- 해바라기 씨 1½ 컵
- 녹인 코코넛 오일 ¼ 컵
- 계피 2 큰술
- 아몬드 1 컵
- 불린 건포도 1¾ 컵
- 호박씨 ½ 컵
- 간 생강 2 작은술
- 소금 한 스푼

지침:

a) 푸드 프로세서에서 아몬드, 해바라기 씨, 호박 씨를 갈아줍니다.

b) 향신료와 소금을 넣은 후 다시 가공하십시오.

c) 따뜻하게 녹인 코코넛과 건포도를 잘 섞일 때까지 섞습니다.

d) 공에 짜서 식하십시오.

28. 셀러리 스낵

분량: 1 인분

재료:

- 불려서 다진 호두 $\frac{1}{4}$ 컵
- 한 입 크기로 자른 사과 1 개
- 한 입 크기로 자른 셀러리 줄기 1 개

지침:

a) 모든 재료를 섞는다.

29. 스파루리나 공

만들다: 10-15 공

재료:

- 레몬 2 개에서 갈은 레몬 제스트
- 헤이즐넛 3 컵
- 스피루리나 가루 1 큰술
- 불린 건포도 1½ 컵
- 코코넛 오일 2 큰술

지침:

a) 푸드 프로세서에서 헤이즐넛을 곱게 갈아줍니다.

b) 건포도를 추가하고 한 번 더 가공하십시오.

c) 코코넛 오일, 레몬 제스트, 스피루리나 가루를 넣습니다.

d) 한입 크기의 공으로 굴립니다.

30. P, P, P 스낵

분량: 1 인분

재료:

- 다진 파파야 $\frac{1}{4}$ 개
- 다진 피칸 $\frac{1}{4}$ 컵
- 다진 배 1 개

지침:

a) 모든 재료를 그릇에 담습니다.

31. 양파 크래커

구성 3 인분

재료:

- 호박씨 1½ 컵
- 적양파 1 개, 작게 다진 것
- 아마씨 ½ 컵, 물 1 컵에 4 시간 동안 불림

지침:

a) 푸드 프로세서에서 호박씨를 잘게 다질 때까지 펄싱합니다.

b) 아마와 붉은 양파를 섞습니다.

c) 양피지에 얇고 고르게 펴 바릅니다.

d) 10 시간 탈수, 5 시간 후 뒤집기.

e) 크래커 크기의 덩어리로 자릅니다.

32. 노란 콜리플라워, 후추 샐러드

분량: 2 인분

재료:

- 소금 한 스푼
- 카레 2 큰술
- 노란 피망 1 개
- 작은 꽃으로 다진 콜리플라워 1 개
- 올리브 오일 1 큰술
- 라임 주스 2 티스푼
- 완두콩 순 $1\frac{1}{4}$ 온스
- 해바라기 씨 $\frac{3}{4}$ 컵
- 아보카도 1 개

지침:

a) 푸드 프로세서에서 콜리플라워 작은 꽃을 잘게 다질 때까지 펄싱합니다.

b) 라임 주스, 소금, 올리브 오일, 카레를 넣고 잘 섞일 때까지 가공합니다.

c) 그릇에 담습니다.

d) 고추를 덩어리로 자르고 콜리플라워, 완두콩 순, 해바라기 씨와 결합합니다.

e) 아보카도 슬라이스와 함께 제공합니다.

33. 매콤한 스토브톱 팝콘

구성 10 인분

재료:

● 기름 1 큰술
● 가람 마살라 1 티스푼
● 익히지 않은 팝콘 알갱이 ½ 컵
● 굵은 바다 소금 1 티스푼

지침:

a) 중불에서 깊고 무거운 팬에 기름을 가열합니다.

b) 팝콘 알갱이를 저어주세요.

c) 팬을 덮은 채로 7 분 동안 끓입니다.

d) 불을 끄고 뚜껑을 덮은 채 팝콘을 3 분간 놔둡니다.

e) 맛에 소금과 마살라를 추가합니다.

34. 마살라 파파드

만들다: 6-10 웨이퍼

재료:

- 껍질을 벗기고 다진 붉은 양파 1 개
- 깍뚝썰기한 토마토 2 개
- 차트 마살라 1 티스푼
- 상점에서 구입한 파파드 1 팩
- 줄기를 제거하고 잘게 썬 그린 타이 칠리 1 개
- 기호에 따라 붉은 고추 가루 또는 카이엔
- 기름 2 큰술

지침:

a) 집게를 사용하여 스토브 위에서 한 번에 하나의 파파드를 가열합니다.

b) 트레이에 파파드를 놓습니다.

c) 기름으로 각 파파드를 가볍게 닦습니다.

d) 양파, 토마토, 고추를 그릇에 담습니다.

e) 각 파파드 위에 양파 혼합물 2 큰술을 놓습니다.

f) 각각의 파파드에 Chaat Masala 와 붉은 고추 가루를 뿌립니다.

35. 구운 마살라 너트

구성 4 인분

재료:

- 생아몬드 2 컵
- 가람 마살라 1 큰술
- 생 캐슈 2 컵
- 굵은 바다 소금 1 타스푼
- 황금 건포도 $\frac{1}{4}$ 컵
- 기름 1 큰술

지침:

a) 오븐 선반을 맨 위에 놓고 오븐을 425°F 로 예열합니다.

b) 큰 믹싱 볼에 건포도를 제외한 모든 재료를 넣고 견과류가 고르게 코팅될 때까지 볶습니다.

c) 준비된 베이킹 시트에 너트 혼합물을 단일 층으로 놓습니다.

d) 중간에 부드럽게 섞으면서 10 분간 굽습니다.

e) 건포도를 넣은 후 혼합물을 최소 20 분 동안 식히십시오.

36. 차이 양념으로 구운 아몬드와 캐슈

구성 4 인분

재료:

- 생아몬드 2 컵
- 굵은 바다 소금 ½작은술
- 차이 마살라 1 큰술
- 생 캐슈 2 컵
- 재거리 또는 황설탕 1 큰술
- 기름 1 큰술

지침:

a) 오븐 선반을 맨 위에 놓고 오븐을 425°F 로 예열합니다.

b) 믹싱볼에 모든 재료를 섞습니다.

c) 준비된 베이킹 시트에 너트 혼합물을 단일 층으로 놓습니다.

d) 중간에 저어주면서 10 분간 굽는다.

e) 식히기 위해 20 분 동안 따로 둡니다.

37. 매콤한 병아리콩 포퍼

구성 4 인분

재료:

- 기름 2 큰술
- 가람 마살라 1 큰술
- 굵은 바다 소금 2 작은술
- 삶은 병아리콩 4 컵, 헹구고 물기를 뺍니다.
- 고춧가루 1 티스푼

지침:

a) 오븐 선반을 맨 위에 놓고 오븐을 425°F 로 예열합니다.

b) 믹싱볼에 모든 재료를 부드럽게 섞습니다.

c) 양념한 병아리콩을 베이킹 시트에 한 겹으로 놓습니다.

d) 15 분간 굽습니다.

e) 병아리콩이 골고루 익도록 살살 섞어준 뒤 10 분간 더 익혀주세요.

f) 식히기 위해 15 분 동안 따로 둡니다.

g) 고춧가루, 카이엔 고추 또는 파프리카로 간을 합니다.

38. 구운 야채 사각형

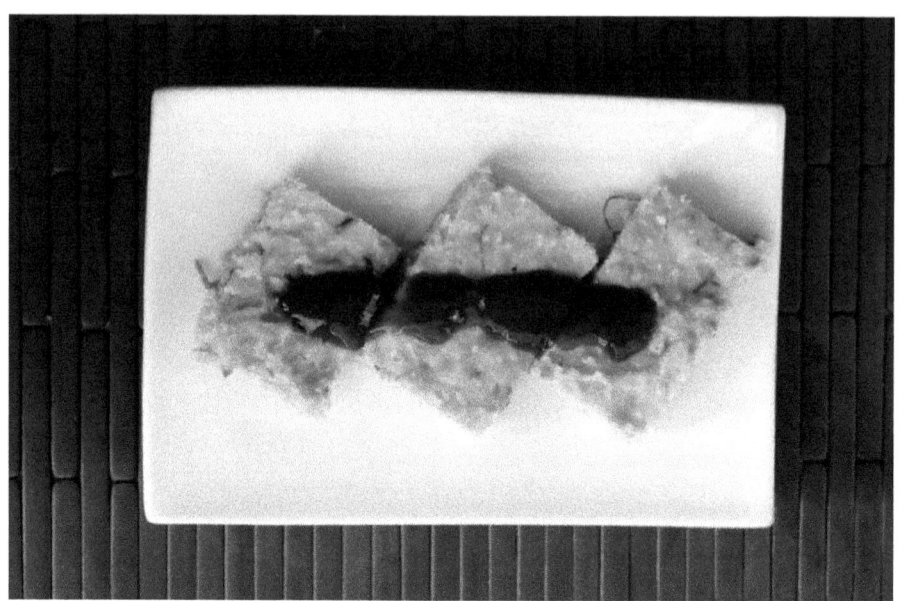

만들기: 25 스퀘어

재료:

- 갈은 콜리플라워 1 컵
- 껍질을 벗기고 다진 노란색 또는 붉은 양파 ½ 개
- 2 컵 강판 흰 양배추
- 껍질을 벗기고 갈거나 다진 생강 뿌리 1 조각
- 붉은 고추 가루 또는 카이엔 1 티스푼
- 베이킹 파우더 ¼ 티스푼
- 기름 ¼ 컵
- 1 컵 강판 호박
- 잘게 썬 그린 타이, 세라노 또는 카이엔 고추 4 개
- 다진 신선한 고수 ¼ 컵
- 껍질을 벗겨 강판에 간 감자 ½ 개
- 3 컵 그램 밀가루
- 비단 두부 ½ 12 온스 패키지
- 굵은 바다 소금 1 큰술
- 강황 가루 1 티스푼

지침:

a) 오븐을 화씨 350 도로 예열하세요.

b) 정사각형 베이킹 팬을 예열합니다.

c) 양배추, 콜리플라워, 호박, 감자, 양파, 생강 뿌리, 고추, 실란트로를 믹싱볼에 넣고 섞습니다.

d) 잘 섞일 때까지 그램 가루를 천천히 섞습니다.

e) 두부가 부드러워질 때까지 푸드 프로세서에 갈아줍니다.

f) 야채 혼합물에 섞은 두부, 소금, 강황, 고춧가루, 베이킹파우더, 기름을 넣습니다. 혼합.

g) 준비된 베이킹 팬에 혼합물을 붓습니다.

h) 50 분간 굽습니다.

i) 사각형으로 자르기 전에 10 분 동안 식히십시오.

j) 선호하는 처트니와 함께 제공하십시오.

39. 매운 고구마 패티

만들다: 패티 10 장

재료:

- 밀가루 $\frac{1}{2}$ 컵
- 껍질을 벗기고 깍뚝썰기한 고구마 1 개
- 껍질을 벗기고 곱게 다진 노란색 또는 붉은 양파 $\frac{1}{2}$ 개
- 레몬즙 1 큰술
- 장식용 다진 신선한 파슬리 또는 실란트로
- 강황 가루 1 티스푼
- 고수 가루 1 작은술
- 가람 마살라 1 티스푼
- 오일 3 큰술, 나누어
- 껍질을 벗기고 갈거나 다진 생강 뿌리 1 조각
- 커민 씨앗 1 티스푼
- 붉은 고추 가루 또는 카이엔 1 티스푼
- 생 또는 냉동 완두콩 1 컵
- 잘게 썬 그린 타이, 세라노 또는 카이엔 칠리 1 개
- 굵은 바다 소금 1 티스푼

지침:

a) 감자를 7 분 동안 또는 부드러워질 때까지 찐다.

b) 포테이토 으깨는 기구로 부드럽게 부숴주세요.

c) 얕은 프라이팬에 기름 2 큰술을 넣고 중불로 가열합니다.

d) 커민을 넣고 30 초 동안 또는 지글지글 끓을 때까지 요리합니다.

e) 양파, 생강 뿌리, 강황, 고수풀, 가람 마살라, 붉은 고추 가루를 넣습니다.

f) 3 분 더 또는 부드러워질 때까지 조리합니다.

g) 혼합물을 식하십시오.

h) 혼합물이 식으면 완두콩, 청고추, 소금, 그램 가루, 레몬 주스와 함께 감자에 첨가합니다.

i) 손으로 잘 섞어주세요.

j) 혼합물을 패티 모양으로 만들고 베이킹 시트에 놓습니다.

k) 무거운 팬에 남은 기름 1 큰술을 중불로 가열합니다.

l) 패티를 한 면당 3 분씩 차례대로 굽습니다.

m) 신선한 파슬리 또는 실란트로로 장식하여 서빙합니다.

메인 코스: 야채

40. 매운 두부와 토마토

구성 4 인분

재료:

- 기름 2 큰술
- 커민 씨 1 큰술
- 강황 가루 1 티스푼
- 껍질을 벗기고 다진 붉은색 또는 노란색 양파 1 개
- 껍질을 벗기고 갈거나 다진 생강 뿌리 1 조각
- 껍질을 벗기고 갈거나 다진 마늘 6 쪽
- 껍질을 벗기고 다진 토마토 2 개
- 잘게 썬 그린 타이, 세라노 또는 카이엔 고추 4 개
- 토마토 페이스트 1 큰술
- 구워서 네모 모양으로 만든 매우 단단한 유기농 두부 14 온스 패키지 2 개
- 가람 마살라 1 큰술
- 향을 내기 위해 손으로 살짝 으깬 말린 호로파 잎 1 큰술
- 물 1 컵
- 굵은 바다 소금 2 작은술
- 붉은 고추 가루 또는 카이엔 1 티스푼
- 씨를 제거하고 다진 녹색 피망 2 개

지침:

a) 무거운 팬에 기름을 중불로 가열합니다.

b) 커민과 심황을 추가합니다.

c) 30 초 동안 또는 씨앗이 지글거릴 때까지 요리합니다.

d) 양파, 생강 뿌리, 마늘을 넣습니다.

e) 가끔 저어주면서 2~3 분 동안 또는 약간 갈색이 될 때까지 요리합니다.

f) 토마토, 고추, 토마토 페이스트, 가람 마살라, 호로파, 물, 소금, 붉은 고추 가루를 넣습니다.

g) 뚜껑을 덮지 않은 채 8 분 동안 끓입니다.

h) 청양고추를 넣은 후 2 분간 더 끓인다.

i) 두부를 부드럽게 접습니다.

j) 2 분간 더 조리하거나 완전히 가열될 때까지 조리합니다.

41. 커민 감자 해시

구성 4 인분

재료:

- 커민 씨 1 큰술
- 기름 1 큰술
- 망고 가루 $\frac{1}{2}$ 작은술
- 줄기를 제거하고 얇게 썬 그린 타이, 세라노 또는 카이엔 고추 1 개
- 다진 신선한 고수 $\frac{1}{4}$ 컵
- 껍질을 벗기고 다진 양파 1 개
- 아사포에티다 $\frac{1}{2}$ 작은술
- 강황 가루 $\frac{1}{2}$ 작은술
- 껍질을 벗기고 갈거나 다진 생강 뿌리 1 조각
- $\frac{1}{2}$ 레몬 주스
- 껍질을 벗기고 깍둑썰기한 삶은 감자 3 개
- 굵은 바다 소금 1 티스푼

지침:

a) 중불에서 깊고 무거운 팬에 기름을 가열합니다.

b) 커민, 아사포에티다, 강황, 망고 가루를 넣습니다.

c) 30 초 동안 또는 씨앗이 지글거릴 때까지 요리합니다.

d) 양파와 생강 뿌리를 넣고 눌어붙지 않도록 계속 저어주면서 1 분 더 익힙니다.

e) 감자와 소금을 넣으십시오.

f) 감자가 완전히 따뜻해질 때까지 요리하십시오.

g) 칠레, 실란트로, 레몬 주스로 장식하십시오.

h) roti 또는 naan 과 함께 제공하거나 besan poora 또는 dosa 로 말아서 제공합니다.

42. 겨자씨 감자 해시

구성 4 인분

재료:
- 기름 1 큰술
- 껍질을 벗기고 다진 노란색 또는 붉은 양파 1 개
- 껍질을 벗기고 깍둑썰기한 삶은 감자 3 개
- 강황 가루 1 티스푼
- 줄기를 제거하고 얇게 썬 그린 타이, 세라노 또는 카이엔 고추 1 개
- 흑겨자씨 1 티스푼
- 끓는 물에 불린 스플릿 그램 1 큰술
- 카레 잎 10 장, 대충 다진 것
- 굵은 흰 소금 1 티스푼

지침:
a) 중불에서 깊고 무거운 팬에 기름을 가열합니다.
b) 강황, 겨자, 카레 잎, 물기를 뺀 스플릿 그램을 추가합니다.
c) 달라붙지 않도록 계속 저어주면서 30 초 동안 조리합니다.
d) 양파를 저어주세요.
e) 2 분 동안 또는 약간 갈색이 될 때까지 요리합니다.
f) 감자, 소금, 고추를 넣습니다.
g) 추가로 2 분간 조리합니다.
h) roti 또는 naan 과 함께 제공하거나 besan poora 또는 dosa 로 말아서 제공합니다.

43. 힐링 완두콩과 흰 양배추

분량: 7 컵

재료:

- 커민 씨 1 큰술
- 강황 가루 1 티스푼
- 생 또는 냉동 완두콩 1 컵
- 껍질을 벗기고 다진 감자 1 개
- 고수 가루 1 작은술
- 간 커민 1 티스푼
- 껍질을 벗기고 다진 노란색 또는 붉은 양파 ½ 개
- 기름 3 큰술
- 껍질을 벗기고 갈거나 다진 생강 뿌리 1 조각
- 껍질을 벗기고 다진 마늘 6 쪽
- 잘게 썬 흰 양배추 1 개
- 붉은 고추 가루 또는 카이엔 ½ 작은술
- 바다 소금 1½ 작은술
- 줄기를 제거하고 다진 그린 타이, 세라노 또는 카이엔 칠레 1 개
- 간 후추 1 티스푼

지침:

a) 모든 재료를 넣고 4 시간 동안 끓인다.

44. 겨자씨와 코코넛을 곁들인 양배추

구성: 6 인분

재료:

- 굵게 다진 카레 잎 12 장
- 굵은 바다 소금 1 티스푼
- 끓는 물에 불린 껍질을 벗긴 검은 렌틸콩 통째로 2 큰술
- 코코넛 오일 2 큰술
- 무가당 잘게 썬 코코넛 2 큰술
- 다진 흰 양배추 1 통
- 아사포에티다 $\frac{1}{2}$ 작은술
- 1 태국, 세라노 또는 카이엔 고추, 줄기를 제거하고 세로로 슬라이스
- 흑겨자씨 1 티스푼

지침:

a) 중불에서 깊고 무거운 팬에 기름을 가열합니다.

b) 아사포에티다, 겨자, 렌즈콩, 카레 잎, 코코넛을 넣습니다.

c) 30 초 동안 또는 씨앗이 터질 때까지 가열합니다.

d) 카레 잎이나 코코넛을 태우지 마십시오.

e) 씨앗이 떨어질 수 있으므로 뚜껑을 가까이에 두십시오.

f) 양배추와 소금을 넣으십시오.

g) 양배추가 시들 때까지 자주 저어주면서 2 분 동안 요리합니다.

h) 고추를 섞는다.

i) 로티 또는 난과 함께 따뜻하거나 차갑게 즉시 서빙하십시오.

45. 감자를 곁들인 끈 콩

구성 5 인분

재료:

- 커민 씨앗 1 티스푼
- 껍질을 벗기고 다진 감자 1 개
- 물 $\frac{1}{4}$ 컵
- 강황 가루 $\frac{1}{2}$ 작은술
- 껍질을 벗기고 깍뚝썰기한 적양파 또는 황색 양파 1 개
- 껍질을 벗기고 갈거나 다진 생강 뿌리 1 조각
- 껍질을 벗기고 갈거나 다진 마늘 3 쪽
- 잘게 썬 끈콩 4 컵
- 기름 1 큰술
- 잘게 썬 타이, 세라노 또는 카이엔 고추 1 개
- 굵은 바다 소금 1 티스푼
- 붉은 고추 가루 또는 카이엔 1 티스푼

지침:

a) 무겁고 깊은 팬에 기름을 두르고 중불로 가열합니다.

b) 커민과 강황을 넣고 30 초 동안 또는 씨가 지글지글해질 때까지 요리합니다.

c) 양파, 생강 뿌리, 마늘을 넣습니다.

d) 2 분 동안 또는 약간 갈색이 될 때까지 요리합니다.

e) 감자를 넣고 계속 저어주면서 2 분 더 익힙니다.

f) 달라 붙지 않도록 물을 추가하십시오.

g) 끈 콩을 섞으십시오.

h) 가끔 저어주면서 2 분간 조리합니다.

i) 고추, 소금, 붉은 고추 가루를 믹싱볼에 넣습니다.

j) 콩과 감자가 부드러워질 때까지 뚜껑을 덮고 15 분 동안 끓입니다.

46. 감자 가지

구성 6 인분

재료:

- 기름 2 큰술
- 아사포에티다 ½ 작은술
- 굵은 바다 소금 2 작은술
- 토마토 1 개, 대충 다진 것
- 껍질이 있는 가지 4 개, 거칠게 다진 것, 나무 끝 부분 포함
- 고수 가루 1 큰술
- 다진 태국 고추, 세라노 고추 또는 카이엔 고추 2 개
- 커민 씨앗 1 티스푼
- 강황 가루 ½ 작은술
- 껍질을 벗기고 긴 성냥개비로 자른 생강 뿌리 1 조각
- 껍질을 벗기고 대충 다진 마늘 4 쪽
- 가람 마살라 1 큰술
- 감자 1 개, 삶은 후 껍질을 벗기고 대충 다진 것
- 껍질을 벗기고 대충 다진 양파 1 개
- 붉은 고추 가루 또는 카이엔 1 티스푼
- 장식용 다진 신선한 고수 2 큰술

지침:

a) 중불에서 깊고 무거운 팬에 기름을 가열합니다.

b) 아사포에티다, 커민, 강황을 추가합니다.

c) 30 초 동안 또는 씨앗이 지글거릴 때까지 요리합니다.

d) 생강 뿌리와 마늘을 넣습니다.

e) 2 분 더 조리하거나 양파와 고추가 약간 갈색이 될 때까지 조리합니다.

f) 토마토를 넣은 후 2 분간 조리합니다.

g) 가지와 감자를 저어주세요.

h) 소금, 가람 마살라, 고수, 붉은 고추 가루를 넣습니다.

i) 10 분간 더 끓입니다.

j) 로티 또는 난과 함께 제공하고 고수로 장식합니다.

47. 마살라 방울양배추

구성 4 인분

재료:
- 기름 1 큰술
- 커민 씨앗 1 티스푼
- 길라 마살라 2 컵
- 물 1 컵
- 캐슈 크림 4 큰술
- 손질하여 반으로 자른 브뤼셀 콩나물 4 컵
- 다진 태국 고추, 세라노 고추 또는 카이엔 고추 2 개
- 굵은 바다 소금 2 작은술
- 가람 마살라 1 티스푼
- 고수 가루 1 작은술
- 붉은 고추 가루 또는 카이엔 1 티스푼
- 장식용 다진 신선한 고수 2 큰술

지침:
a) 중불에서 깊고 무거운 팬에 기름을 가열합니다.
b) 커민을 넣고 30 초 동안 또는 씨가 지글지글해질 때까지 요리합니다.
c) 치유 토마토 수프 스톡, 물, 캐슈 크림, 브뤼셀 콩나물, 고추, 소금, 가람 마살라, 고수, 붉은 고추 가루를 추가합니다.
d) 종기에 가져다.
e) 브뤼셀 콩나물이 부드러워질 때까지 12 분간 끓입니다.
f) 실란트로를 얹습니다.

48. 그리스 콜리플라워

만든다: 2

재료:

- 콜리플라워 머리 ½ 개, 한 입 크기로 깍둑썰기
- 토마토 2 개
- 오이 1 개
- 다진 붉은 피망 ½ 개
- 민트 ½ 묶음
- 고수 ½ 단
- 바질 ½ 단
- 쪽파 ¼ 컵
- 씨를 제거한 블랙 올리브 10 개
- 해바라기 싹 ½ 상자, 약 1.5 온스
- 올리브 오일 1 큰술
- 라임 주스 ½ 큰술

지침:

a) 콜리플라워가 쿠스쿠스와 비슷해질 때까지 푸드 프로세서에 돌립니다.

b) 올리브와 해바라기 새싹을 포함한 모든 것을 믹싱볼에 넣습니다.

c) 기름과 라임 짜기를 뿌린 다음 결합하십시오.

49. 크림 애호박 파스타

만든다: 2

재료:

- 발아 완두콩 1 온스
- 채 썬 애호박 1 개

크리미 소스:

- 잣 가루 $\frac{1}{2}$ 컵
- 올리브 오일 2 큰술
- 레몬즙 1 큰술
- 물 4 큰술
- 소금 한 스푼

지침:

a) 그릇에 호박을 담고 소금으로 간을 합니다.

b) 다진 잣을 넣습니다.

c) 올리브 오일, 레몬 주스, 물, 소금 한 꼬집을 섞습니다.

d) 소스가 형성될 때까지 혼합합니다.

e) 호박 위에 소스를 뿌립니다.

f) 완두콩 싹을 얹습니다.

50. 호박 페스토를 곁들인 주키니

분량: 2-3 인분

재료:

호박 페스토:

- 호박씨 $\frac{1}{2}$ 컵
- $\frac{3}{8}$ 컵 올리브 오일
- 레몬즙 1 큰술
- 소금 1 꼬집
- 바질 1 단

토핑:

- 블랙 올리브 7 개
- 방울토마토 5 개

지침:

a) 푸드 프로세서에서 호박씨를 고운 가루로 만듭니다.

b) 올리브 오일, 레몬 주스, 소금을 잘 섞일 때까지 섞습니다.

c) 바질 잎을 저어주세요.

d) 주키니와 페스토를 믹싱볼에 넣고 올리브와 방울토마토를 얹습니다.

51. 딜 애호박 필라프

만든다: 4-6

재료:

- 헹구고 걸러낸 환색 바스마티 쌀 $\frac{3}{4}$ 컵
- $\frac{1}{4}$ 컵 퀴노아, 헹구고 물기를 뺀 것
- 잘게 썬 생강 $\frac{1}{2}$ 큰술
- 2 컵 강판 호박
- 다진 딜 $\frac{1}{2}$ 컵
- 유기농 코코넛 오일 3 큰술
- 물 2 컵
- 맛볼 소금

지침:

a) 코코넛 오일을 녹이고 생강을 향이 날 때까지 15 초 동안 볶습니다.

b) 쌀과 퀴노아를 넣고 1 분 동안 저어줍니다.

c) 물을 넣고 잘 저은 다음 혼합물을 끓입니다. 간 호박을 넣고 볶는다.

d) 뚜껑을 덮고 10~12 분 동안 끓입니다.

e) 포크로 부드럽게 저어 맛을 내기 위해 딜과 소금을 넣으십시오.

f) 따뜻하게 서빙하십시오.

52. 쿠스쿠스 크레미니 필라프

만든다: 2

재료:

- 올리브 오일 3 큰술, 나누어
- 얇게 썬 크레미니 버섯 14 온스
- 다진 작은 양파 1 개
- 다진 셀러리 줄기 2 개
- 다진 중간 당근 1 개
- 화이트 와인 $\frac{1}{4}$ 컵
- 핫소스 1 큰술
- 고수 가루 $\frac{1}{2}$ 작은술
- 간 커민 $\frac{1}{2}$ 작은술
- 양파 가루 $\frac{1}{2}$ 작은술
- 마른 쿠스쿠스 1 컵
- 야채 육수 2 컵
- 소금 $\frac{1}{2}$ 작은술
- 후추 $\frac{1}{4}$ 작은술
- 냉동 완두콩 $\frac{3}{4}$ 컵
- 다진 신선한 파슬리 1 큰술

지침:

a) 큰 프라이팬에 올리브 오일 1 큰술을 중불로 가열합니다.

b) 얇게 썬 버섯을 넣고 갈색이 될 때까지 약 3~5 분간 볶습니다.

c) 프라이팬에서 꺼내 따로 보관하십시오.

d) 같은 프라이팬에 남은 올리브 오일, 다진 양파, 셀러리, 당근을 넣습니다.

e) 양파가 투명해지고 셀러리가 부드러워질 때까지 3~5 분 동안 조리합니다.

f) 고수, 커민, 양파 가루를 넣고 화이트 와인을 저어줍니다.

g) 쿠스쿠스와 야채 육수를 넣고 소금과 후추로 간을 한 후 잘 저어줍니다.

h) 불을 끄고 7 분 정도 끓인다.

i) 매운 소스와 냉동 완두콩을 넣고 3 분간 더 조리합니다.

j) 버섯을 저어주세요.

k) 신선한 파슬리로 장식하고 따뜻하게 제공합니다.

53. 힐링 아스파라거스 리조또

만든다: 2

재료:

- 양파 1 개
- 다진 마늘 3 쪽
- 당근 1 개
- 야채 육수
- 손질한 아스파라거스 10 개
- 생 또는 냉동 완두콩 1 컵
- 아르보리오 쌀 250g
- 올리브 오일 1 큰술
- 소금, 후추 맛
- 신선한 허브

지침:

a) 냄비에 야채 육수를 살짝 끓인다.

b) 바닥이 넓은 팬에 올리브 오일을 중불로 가열합니다.

c) 아스파라거스 윗부분을 넣고 2 분 동안 가볍게 볶습니다.

d) 팬에서 꺼낸 다음 같은 팬에 다진 양파를 넣고 노릇하고 반투명해질 때까지 볶습니다.

e) 마늘과 당근을 넣고 1~2 분간 볶은 다음 쌀과 아스파라거스 조각을 넣고 잘 저어줍니다.

f) 1~2 분 후 야채 육수 반을 붓고 쌀이 액체를 흡수하도록 합니다.

g) 냄비 바닥에 남아 있는 잔여물을 긁어내고 밥을 액체에 잘 저어줍니다.

h) 열을 낮추고 리조또를 끓인 다음 요리하십시오.

i) 몇 분마다 저어주고 필요에 따라 더 많은 액체를 추가합니다.

j) 밥이 거의 다 익을 때까지 10 분 정도 더 끓인 다음 완두콩을 넣고 저어줍니다.

k) 신선한 완두콩은 요리하는 데 몇 분 밖에 걸리지 않습니다.

l) 이 시점에서 리조또가 거의 익었습니다.

m) 소금, 후추, 다진 신선한 허브로 맛을 냅니다.

n) 뜨겁게 서빙하고 아스파라거스 상판, 신선한 허브, 올리브 오일 몇 방울을 얹습니다.

분량: 1 인분

재료:

불거를 위해

- 불린 불고기 1.5 컵
- 얇게 썬 녹색 피망 $\frac{1}{4}$ 컵
- 다진 셀러리 잎 $\frac{1}{4}$ 컵

호박 소스:

- 찐 호박 $\frac{1}{2}$ 컵
- 두툼하게 익힌 오트밀 3 숟가락
- 영양 효모 1 큰술
- 크리미 비건 타히니 2 큰술
- 레몬즙 1.5 큰술
- 소금 $\frac{1}{4}$ 작은술

지침:

a) 모든 소스 재료를 블렌더나 푸드 프로세서에 넣습니다.

b) Bulgar 에 소스를 넣고 피망과 셀러리 잎을 넣고 저어줍니다.

c) 신선한 금이 간 후추를 얹습니다.

메인 코스: 콩류와 곡물

55. 콩과 식물 스트리트 샐러드

구성 6 인분

재료:

- 익힌 콩 또는 렌즈콩 4 컵
- 껍질을 벗기고 깍뚝썰기한 붉은 양파 1 개
- 깍뚝썰기한 토마토 1 개
- 껍질을 벗기고 깍뚝썰기한 오이 1 개
- 껍질을 벗기고 간 무 1 개
- 잘게 썬 그린 타이, 세라노 또는 카이엔 칠리 1 개
- 다진 신선한 고수 $\frac{1}{4}$ 컵
- 레몬 1 개의 주스
- 굵은 바다 소금 1 티스푼
- 흑염 $\frac{1}{2}$ 작은술
- 차트 마살라 $\frac{1}{2}$ 작은술
- 붉은 고추 가루 또는 카이엔 $\frac{1}{2}$ 작은술
- 껍질을 벗기고 간 신선한 흰 강황 1 티스푼

지침:

a) 깊은 그릇에 모든 재료를 섞습니다.

56. 마살라 콩 및 야채

구성 5 인분

재료:
- 길라 마살라 1 컵
- 다진 야채 1 컵
- 다진 태국 고추, 세라노 고추 또는 카이엔 고추 2 개
- 가람 마살라 1 티스푼
- 고수 가루 1 작은술
- 구운 커민 가루 1 티스푼
- 붉은 고추 가루 또는 카이엔 $\frac{1}{2}$ 작은술
- 굵은 바다 소금 1$\frac{1}{2}$ 작은술
- 물 2 컵
- 삶은 콩 2 컵
- 장식용 다진 신선한 실란트로 1 큰술

지침:
a) 거품이 나기 시작할 때까지 중불로 크고 무거운 냄비에 *Gila Masala* 를 가열합니다.
b) 야채, 고추, 가람 마살라, 고수풀, 커민, 붉은 고추 가루, 소금, 물을 넣습니다.
c) 20 분 동안 또는 야채가 부드러워질 때까지 요리합니다.
d) 콩을 추가합니다.
e) 고수와 함께 제공하십시오.

57. 코코넛을 곁들인 통콩 샐러드

구성 4 인분

재료:
- 코코넛 오일 2 큰술
- 아사포에티다 $\frac{1}{2}$ 작은술
- 흑겨자씨 1 티스푼
- 굵게 다진 카레 잎 10-12 개
- 무가당 잘게 썬 코코넛 2 큰술
- 삶은 콩 4 컵
- 굵은 바다 소금 1 티스푼
- 태국, 세라노 또는 카이엔 고추 1 개,

지침:
a) 중불에서 깊고 무거운 팬에 기름을 가열합니다.

b) 아사포에티다, 겨자, 카레 잎, 코코넛을 넣습니다.

c) 30 초 동안 또는 씨앗이 터질 때까지 가열합니다.

d) 콩, 소금, 고추를 넣습니다.

e) 골고루 섞은 후 드세요.

58. 카레 콩 또는 렌틸콩

구성 5 인분

재료:

- 기름 2 큰술
- 아사포에티다 ½ 작은술
- 커민 씨 2 티스푼
- 강황 가루 ½ 작은술
- 계피 스틱 1 개
- 계수나무 잎 1 개
- 껍질을 벗기고 다진 노란색 또는 붉은 양파 ½ 개
- 껍질을 벗기고 갈거나 다진 생강 뿌리 1 조각
- 껍질을 벗기고 갈거나 다진 마늘 4 쪽
- 껍질을 벗기고 다진 토마토 2 개
- 잘게 썬 그린 타이, 세라노 또는 카이엔 고추 2-4 개
- 익힌 콩 또는 렌즈콩 4 컵
- 물 4 컵
- 굵은 바다 소금 1½ 작은술
- 붉은 고추 가루 또는 카이엔 1 티스푼
- 장식용 다진 신선한 고수 2 큰술

지침:

a) 중불로 무거운 냄비에 기름을 데우십시오.

b) 아사포에티다, 커민, 강황, 계피, 계수나무 잎을 넣고 30 초 동안 또는 씨앗이 지글지글 끓을 때까지 요리합니다.

c) 양파를 넣고 3 분간 또는 약간 갈색이 될 때까지 조리합니다.

d) 생강 뿌리와 마늘을 넣습니다.

e) 추가로 2 분간 조리합니다.

f) 토마토와 청고추를 넣습니다.

g) 5 분 동안 또는 토마토가 부드러워질 때까지 끓입니다.

h) 콩이나 렌즈콩을 넣은 후 2 분 더 조리합니다.

i) 물, 소금, 고춧가루를 넣습니다.

j) 물을 끓입니다.

k) 10~15 분 동안 끓입니다.

l) 고수와 함께 제공하십시오.

59. 카레 잎을 곁들인 렌즈콩

구성 6 인분

재료:

- 코코넛 오일 2 큰술
- 아사포에티다 가루 ½ 작은술
- 강황 가루 ½ 작은술
- 커민 씨앗 1 티스푼
- 흑겨자씨 1 티스푼
- 굵게 다진 신선한 카레 잎 20 개
- 굵게 다진 전체 건조 레드 칠리 페퍼 6 개
- 껍질을 벗기고 다진 노란색 또는 붉은 양파 ½ 개
- 14 온스의 코코넛 밀크 캔, 라이트 또는 전체 지방
- 물 1 컵
- 라삼 가루 또는 삼바르 마살라 1 티스푼
- 굵은 바다 소금 1½ 작은술
- 붉은 고추 가루 또는 카이엔 1 티스푼
- 조리된 렌즈콩 3 컵
- 장식용 다진 신선한 실란트로 1 큰술

지침:

a) 중간 열에 기름을 예열하십시오.

b) 아사포에티다, 강황, 커민, 겨자, 카레 잎, 붉은 고추를 넣습니다.

c) 30 초 동안 또는 씨앗이 지글거릴 때까지 요리합니다.

d) 양파를 섞는다.

e) 눌어붙지 않도록 자주 저어주면서 약 2 분간 조리합니다.

f) 코코넛 밀크, 물, 라삼 가루 또는 삼바르 마살라, 소금, 붉은 고추 가루를 추가합니다.

g) 끓인 다음 2 분 동안 또는 풍미가 우유에 스며들 때까지 끓입니다.

h) 렌즈 콩을 추가하십시오.

i) 4 분간 끓입니다.

j) 고수와 함께 제공하십시오.

60. 고안 렌틸콩 코코넛 커리

구성 6 인분

재료:

- 기름 1 큰술
- 껍질을 벗기고 다진 양파 ½개
- 껍질을 벗기고 갈거나 다진 생강 뿌리 1 조각
- 껍질을 벗기고 갈거나 다진 마늘 4 쪽
- 깍뚝썰기한 토마토 1 개
- 다진 녹색 태국 고추, 세라노 고추 또는 카이엔 고추 2 개
- 고수 가루 1 큰술
- 간 커민 1 큰술
- 강황 가루 1 티스푼
- 타마린드 페이스트 1 티스푼
- 재거리 또는 황설탕 1 티스푼
- 굵은 바다 소금 1½ 작은술
- 물 3 컵
- 익힌 전체 렌틸콩 4 컵
- 일반 또는 라이트 코코넛 밀크 1 컵
- ½ 레몬 주스
- 장식용 다진 신선한 실란트로 1 큰술

지침:

a) 크고 무거운 냄비에 기름을 넣고 중불로 가열합니다.

b) 양파를 넣고 2 분간 또는 양파가 약간 갈색이 될 때까지 조리합니다.

c) 생강 뿌리와 마늘을 넣습니다.

d) 1 분 더 끓입니다.

e) 토마토, 고추, 고수풀, 커민, 강황, 타마린드, 재거리, 소금 및 물을 추가합니다.

f) 끓으면 약한 불로 줄이고 뚜껑을 덮어 15 분간 뜸을 들인다.

g) 렌틸콩과 코코넛 밀크를 넣습니다.

h) 맛에 레몬 주스와 실란트로를 추가하십시오.

61. 차나 마살라 콩류

구성 6 인분

재료:

- 기름 2 큰술
- 커민 씨앗 1 티스푼
- 강황 가루 ½ 작은술
- 차나 마살라 2 큰술
- 껍질을 벗기고 다진 노란색 또는 붉은 양파 1 개
- 껍질을 벗기고 갈거나 다진 생강 뿌리 1 조각
- 껍질을 벗기고 갈거나 다진 마늘 4 쪽
- 깍둑썰기한 토마토 2 개
- 다진 녹색 태국 고추, 세라노 고추 또는 카이엔 고추 2 개
- 붉은 고추 가루 또는 카이엔 1 티스푼
- 굵은 바다 소금 1 큰술
- 물 1 컵
- 악힌 콩 또는 렌즈콩 4 컵

지침:

a) 중불에서 깊고 무거운 팬에 기름을 가열합니다.

b) 커민, 강황, 차나 마살라를 넣고 30 초 동안 또는 씨가 지글지글해질 때까지 요리합니다.

c) 양파를 넣고 약 1 분 동안 또는 부드러워질 때까지 조리합니다.

d) 생강 뿌리와 마늘을 넣습니다.

e) 1 분 더 끓입니다.

f) 토마토, 초록 고추, 붉은 고추 가루, 소금, 물을 넣습니다.

g) 끓인 다음 10 분 동안 또는 모든 재료가 섞일 때까지 끓입니다.

h) 콩이나 렌틸콩을 부드러워질 때까지 익힙니다.

62. 천천히 익힌 콩과 렌즈콩

만든다: 8

재료:

- 2 컵 말린 리마 콩, 따서 씻어
- 껍질을 벗기고 대충 다진 노란색 또는 붉은 양파 ½ 개
- 깍뚝썰기한 토마토 1 개
- 껍질을 벗기고 갈거나 다진 생강 뿌리 1 조각
- 껍질을 벗기고 갈거나 다진 마늘 2 쪽
- 다진 녹색 태국 고추, 세라노 고추 또는 카이엔 고추 2 개
- 정향 3 개
- 커민 씨앗 1 티스푼
- 붉은 고추 가루 또는 카이엔 1 티스푼
- 굵은 바다 소금 한 티스푼
- 강황 가루 ½ 작은술
- 가람 마살라 ½ 작은술
- 물 7 컵
- 다진 신선한 실란트로 ¼ 컵

지침:

a) 슬로우 쿠커에 고수를 제외한 모든 재료를 섞습니다.

b) 7 시간 동안 또는 콩이 부서지고 크림처럼 될 때까지 높은 온도에서 요리합니다.

c) 정향을 꺼내십시오.

d) 신선한 실란트로로 장식합니다.

63. 차나와 후춧가루를 곁들인 스플릿 뭉달

만들다: 8 인분

재료:

- 1 컵 스플릿 그램, 집어 들고 세척
- 껍질을 벗기고 골라서 씻은 말린 쪼개진 녹색 렌즈 콩 1 컵
- 껍질을 벗기고 다진 노란색 또는 붉은 양파 ½ 개
- 껍질을 벗기고 갈거나 다진 생강 뿌리 1 조각
- 껍질을 벗기고 갈거나 다진 마늘 4 쪽
- 껍질을 벗기고 다진 토마토 1 개
- 다진 녹색 태국 고추, 세라노 고추 또는 카이엔 고추 2 개
- 커민 씨 1 테이블스푼과 1 티스푼을 나누어
- 강황 가루 1 티스푼
- 굵은 바다 소금 2 작은술
- 붉은 고추 가루 또는 카이엔 1 티스푼
- 물 6 컵
- 기름 2 큰술
- 레드 페퍼 플레이크 1 티스푼
- 다진 신선한 실란트로 2 큰술

지침:

a) 슬로우 쿠커에 스플릿 그램, 녹색 렌즈콩, 양파, 생강 뿌리, 마늘, 토마토, 고추, 커민 1 큰술, 강황, 소금, 붉은 고추 가루, 물을 섞습니다.

b) 높은 온도에서 5 시간 동안 요리합니다.

c) 요리 시간이 끝날 무렵 얕은 팬에 중불로 기름을 두릅니다.

d) 남은 커민 1 티스푼을 섞습니다.

e) 오일이 뜨거워지면 레드 페퍼 플레이크를 추가합니다.

f) 30 초 이상 끓이지 마세요.

g) 렌즈콩을 이 혼합물과 실란트로와 함께 버무립니다.

h) 수프로 제공하십시오.

64. 현미와 팥 도클라

만들다: 2 다스 스퀘어

재료

- 갈색 바스마티 쌀 $\frac{1}{3}$ 컵을 씻어서 불립니다.
- 흰 바스마티 쌀 $\frac{1}{3}$ 컵을 씻어 불립니다.
- 껍질을 벗겨 씻어서 불린 전체 팥 $\frac{1}{2}$ 컵
- 담근 스플릿 그램 2 큰술
- 불린 호로파 씨앗 $\frac{1}{4}$ 작은술
- 부드러운 비단 두부 $\frac{1}{2}$ 12 온스 패키지
- 레몬 1 개의 주스
- 굵은 바다 소금 1 티스푼
- 물 1 컵
- $\frac{1}{2}$ 티스푼 에노 또는 베이킹 소다
- $\frac{1}{2}$ 작은술 붉은 고추 가루, 카이엔 또는 파프리카
- 기름 1 큰술
- 갈색 또는 검은색 겨자씨 1 티스푼
- 대충 다진 카레 잎 15~20 개
- 줄기를 제거하고 세로로 자른 녹색 태국 고추, 세라노 또는 카이엔 고추 2 개

지침:

a) 쌀과 렌즈콩 혼합물, 두부, 레몬 주스, 소금, 물을 믹서기에 넣고 부드러워질 때까지 섞습니다.

b) 혼합물을 큰 믹싱 볼에 붓습니다.

c) 반죽을 3 시간 동안 따로 둡니다.

d) 크고 네모난 팬에 기름을 데웁니다.

e) 바닥에 에노나 베이킹소다를 뿌리고 가볍게 2~3 번 저어줍니다.

f) 준비된 팬에 반죽을 골고루 펴줍니다.

g) 네모난 팬을 담을 수 있을 만큼 큰 이중 보일러에 물을 약간 끓입니다.

h) 이중 보일러의 상단 부분에 사각형 팬을 부드럽게 놓습니다.

i) 뚜껑을 덮고 15 분 동안 찐다.

j) 이중 보일러에서 사각형 팬을 제거합니다.

k) dhokla 를 사각형으로 자르고 접시에 피라미드 모양으로 배열하십시오.

l) 붉은 고추, 카이엔 고추 또는 파프리카를 뿌린다.

m) 소테 팬에 기름을 약간 두르고 중불로 가열합니다.

n) 겨자씨를 섞는다.

o) 카레 잎과 고추가 터지기 시작하면 추가합니다.

p) 이 혼합물을 도클라 위에 골고루 붓습니다.

q) 민트, 실란트로 또는 코코넛 처트니와 함께 즉시 제공하십시오.

65. 녹두와 야채 밥

구성 4 인분

재료:

- 물 4 $\frac{1}{2}$ 컵
- $\frac{1}{2}$ 컵 통 녹두, 헹구기
- 물에 헹군 바스마티 쌀 $\frac{1}{2}$ 컵
- 다진 양파 1 개, 다진 마늘 3 쪽
- 잘게 다진 생강 뿌리 $\frac{3}{4}$ 컵
- 다진 야채 3 컵
- 땅콩 기름 2 큰술
- 강황 $\frac{3}{4}$ 큰술
- 말린 으깬 붉은 고추 $\frac{1}{4}$ 작은술
- 간 후추 $\frac{1}{4}$ 작은술
- 고수 $\frac{1}{2}$ 작은술
- 커민 $\frac{1}{2}$ 작은술
- 소금 $\frac{1}{2}$ 작은술

지침:

a) 끓는 물에 녹두가 갈라지기 시작할 때까지 익힌다.

b) 밥을 넣은 후 가끔 저어주면서 15 분 더 끓입니다.

c) 야채를 추가합니다.

d) 소테 팬에 땅콩 기름을 두르고 양파, 마늘, 생강을 투명해질 때까지 볶습니다.

e) 향신료를 넣고 계속 저어주면서 5 분 동안 계속 요리합니다.

- 불린 쌀과 콩을 합친다.

66. 야채 볶음

구성 4 인분

재료:

- 다진 야채 3 컵
- 다진 생강 2 작은술
- 오일 1 티스푼
- 아사포에티다 $\frac{1}{4}$ 작은술
- 간장 1 큰술
- 신선한 허브

지침:

a) 프라이팬에 기름을 데우십시오.

b) 아사포에티다와 생강을 30 초 동안 저어줍니다.

c) 야채를 넣고 1 분간 볶다가 물을 조금 붓고 뚜껑을 덮고 익힙니다.

d) 간장, 설탕, 소금을 넣습니다.

e) 거의 다 될 때까지 덮고 요리하십시오.

f) 뚜껑을 제거하고 몇 분 동안 계속 요리하십시오.

g) 신선한 허브를 추가합니다.

67. 스페인 병아리콩과 파스타

만든다: 4

재료:

- 올리브 오일 2 큰술
- 다진 마늘 2 쪽
- 훈제 파프리카 $\frac{1}{2}$ 큰술
- 간 커민 1 큰술
- 말린 오레가노 $\frac{1}{2}$ 큰술
- 카이엔 고추 $\frac{1}{4}$ 큰술
- 갓 간 후추
- 노란 양파 1 개
- 익히지 않은 비건 글루텐 프리 파스타 2 컵
- 잘게 썬 토마토 15 온스 캔
- 쿼터 아티초크 하트 15 온스 캔
- 19 온스 통조림 병아리콩
- 야채 육수 1.5 컵
- 소금 $\frac{1}{2}$ 큰술
- 잘게 썬 신선한 파슬리 $\frac{1}{4}$ 단
- 신선한 레몬 1 개

지침:

a) 올리브 오일과 함께 큰 프라이팬에 마늘을 넣습니다.

b) 2 분 동안 또는 야채가 부드럽고 향이 날 때까지 끓입니다.

c) 프라이팬에 훈제 파프리카, 커민, 오레가노, 카이엔 고추, 갓 간 후추를 넣습니다.

d) 뜨거운 기름에 향신료를 1 분 더 저어줍니다.

e) 프라이팬에 양파를 넣고 잘게 썬다.

f) 양파가 부드럽고 반투명해질 때까지 요리하십시오.

g) 파스타를 넣고 2 분간 더 끓입니다.

h) 병아리콩과 아티초크 하트를 물기를 뺀 후 프라이팬에 깍둑썰기한 토마토, 야채 육수, 소금 반 티스푼과 함께 넣습니다.

i) 프라이팬에 파슬리를 넣고 완성된 요리 위에 뿌릴 약간을 남겨둡니다.

j) 프라이팬의 모든 재료가 골고루 섞일 때까지 저어줍니다.

k) 끓이다가 끓으면 약불로 줄여 20 분간 끓인다.

l) 뚜껑을 열고 포크로 보풀을 낸 다음 남은 다진 파슬리로 장식합니다.

m) 레몬을 쐐기로 자르고 서빙할 때마다 주스를 짠다.

68. 돔 프리 파스타

구성 4 인분

재료:

- 메밀 파스타 8 온스
- 다진 아티초크 하트 14 온스 캔
- 다진 신선한 민트 1 줌
- 다진 파 ½ 컵
- 해바라기씨 2 큰술
- 엑스트라 버진 올리브 오일 4 큰술

지침:

a) 물을 끓입니다.

b) 패키지 방향에 따라 파스타를 8~12 분 동안 조리합니다.

c) 파스타가 완성되면 물기를 빼고 그릇에 담습니다.

d) 아티초크, 민트, 파, 해바라기씨를 믹싱볼에 넣고 섞습니다.

e) 올리브 오일을 뿌린 후 버무려 결합합니다.

69. 현미 리조또

구성 4 인분

재료:

- 엑스트라 버진 올리브 오일 1 큰술
- 다진 마늘 2 쪽
- 다진 토마토 1 개
- 아기 시금치 3 줌
- 다진 버섯 1 컵
- 브로콜리 작은 꽃 2 컵
- 소금과 후추, 취향껏
- 현미밥 2 컵
- 핀치 사프란

봉사하다

- 갈은 파마산
- 레드 칠리 플레이크

지침:

a) 프라이팬에 기름을 중불로 가열합니다.

b) 마늘이 황금색으로 변할 때까지 볶습니다.

c) 토마토, 시금치, 버섯, 브로콜리를 소금과 후추와 함께 섞습니다. 야채가 부드러워질 때까지 요리하십시오.

d) 쌀과 사프란을 넣고 저어 야채 주스가 쌀에 스며들게 합니다.

e) 파마산 치즈와 레드 페퍼 플레이크를 곁들여 따뜻하거나 차갑게 서빙하세요.

70. 퀴노아 타불레

구성 2 인분

재료:

- 익힌 퀴노아 ½ 컵
- 잘게 썬 파슬리 2 단
- 다진 흰 양파 ½ 개
- 깍둑썰기한 토마토 1 개
- 엑스트라 버진 올리브 오일 1 큰술
- 레몬 1 개의 주스

지침:

a) 그릇에 퀴노아, 파슬리, 양파, 토마토를 섞습니다.

b) 올리브 오일과 레몬 주스로 드레싱하십시오.

c) 약동하고 즐기십시오.

71. 기장, 쌀, 석류

구성 2 인분

재료:

- 얇은 포헤 2 컵
- 부풀린 가장 또는 쌀 1 컵
- 비건 버터밀크 1 컵
- 석류 조각 $\frac{1}{2}$ 컵
- 카레잎 5~6 장
- 겨자씨 $\frac{1}{2}$ 작은술
- 커민 씨 $\frac{1}{2}$ 작은술
- 아사포에티다 $\frac{1}{8}$ 티스푼
- 오일 5 티스푼
- 맛볼 설탕
- 맛볼 소금
- 신선하거나 말린 코코넛 – 파쇄
- 신선한 고수 잎

지침:

a) 기름을 데운 다음 겨자씨를 넣습니다.

b) 커민 씨, 아사포에티다, 카레 잎이 터지면 추가합니다.

c) 포헤를 그릇에 담습니다.

d) 오일 스파이스 믹스, 설탕, 소금을 섞습니다.

e) 포에가 식으면 요거트, 고수, 코코넛과 섞습니다.

f) 고수풀과 코코넛으로 장식하여 제공합니다.

메인 코스: 커리

72. 매운 씨앗을 곁들인 호박 커리

구성 4 인분

재료:

- 호박 3 컵 – 잘게 썬 것
- 호로파 씨앗 $\frac{1}{4}$ 큰술
- 회향 씨앗 $\frac{1}{4}$ 큰술
- 기름 2 큰술
- 핀치 아사포에티다
- 5-카레잎 6 장
- 간 생강 $\frac{1}{2}$ 큰술
- 신선한 고수 잎
- 타마린드 페이스트 1 큰술
- 겨자씨 $\frac{1}{2}$ 큰술
- 커민 씨 $\frac{1}{2}$ 큰술
- 2 큰술 마른 갈은 코코넛
- 볶은 땅콩 2 큰술
- 소금과 황설탕 또는 맛을 내기 위한 재거

지침:

a) 작은 냄비에 기름을 두르고 겨자씨를 넣습니다.

b) 커민, 호로파, 아사포에티다, 생강, 카레 잎, 회향이 타지면 추가합니다.

c) 30 초 동안 볶습니다.

d) 호박과 소금을 넣으십시오.

e) 타마린드 페이스트나 펄프가 들어있는 물을 붓습니다.

f) 재거리와 흑설탕을 추가합니다.

g) 코코넛 가루와 땅콩 가루를 섞는다.

h) 몇 분 더 요리하십시오.

i) 고수풀로 장식합니다.

73. 오크라 키레

구성 4 인분

재료:

- 1cm 조각으로 자른 오크라 2 컵
- 다진 생강 2 큰술
- 겨자씨 1 큰술
- 커민 씨 $\frac{1}{2}$ 큰술
- 기름 2 큰술
- 맛볼 소금
- 판치 아사포에티다
- 2-볶은 땅콩 가루 3 큰술
- 고수 잎

지침:

a) 작은 냄비에 기름을 두르고 겨자씨를 넣습니다.

b) 터지기 시작하면 커민, 아사포에티다, 생강을 넣습니다.

c) 오크라와 소금이 부드러워질 때까지 저어줍니다.

d) 땅콩가루를 넣은 후 30 초 더 끓인다.

e) 서빙하기 전에 고수 잎으로 장식하십시오.

74. 야채 코코넛 카레

구성 4 인분

재료:

- 입방체로 자른 감자 2 개
- 작은 꽃으로 자른 콜리플라워 1½ 컵
- 잘게 썬 토마토 3 개
- 기름 1 큰술
- 겨자씨 1 큰술
- 커민 씨 1 큰술
- 5-카레잎 6 장
- 심황 꼬집음
- 간 생강 1 큰술
- 신선한 고수 잎
- 맛볼 소금
- 신선하거나 말린 코코넛 – 잘게 썬 것

지침:

a) 기름을 데우고 겨자씨를 저어줍니다.

b) 나머지 양념을 넣고 30 초간 끓인다.

c) 콜리플라워, 토마토, 감자를 약간의 물과 함께 넣고 뚜껑을 덮고 가끔 저어주면서 부드러워질 때까지 끓입니다.

d) 코코넛, 소금, 고수 잎을 섞습니다.

75. 기본 야채 카레

구성 4 인분

재료:
- 다진 야채 250g
- 오일 1 티스푼
- 겨자씨 ½ 작은술
- 커민 씨 ½ 작은술
- 판치 아사포에티다
- 4-카레잎 5 장
- 강황 ¼ 작은술
- 고수 가루 ½ 작은술
- 판치 칠리 파우더
- 간 생강
- 신선한 고수 잎
- 취향에 따라 설탕/재거리 및 소금
- 신선하거나 말린 코코넛

지침:
a) 기름을 데우고 겨자씨를 저어줍니다.

b) 커민, 생강 및 남은 향신료가 타지면 추가합니다.

c) 야채를 넣고 부드러워질 때까지 요리합니다.

d) 물을 조금 넣고 냄비뚜껑을 덮고 끓입니다.

e) 야채를 익힌 후 설탕, 소금, 코코넛, 고수를 넣습니다.

76. 검은 눈 콩과 코코넛 카레

구성 4 인분

재료:

- 하룻밤 불린 검은눈콩 $\frac{1}{2}$ 컵
- 물 2 컵
- 기름 1 큰술
- 겨자씨 1 큰술
- 커민 씨 1 큰술
- 아사포에티다 1 큰술
- 간 생강 1 큰술
- 5-카레잎 6 장
- 강황 1 큰술
- 고수 가루 1 큰술
- 다진 토마토 2 개
- 볶은 땅콩 가루 2 큰술
- 신선한 고수 잎
- 신선한 코코넛, 강판
- 설탕과 소금 맛

지침:

a) 압력솥이나 스토브의 냄비에서 콩을 요리하십시오.

b) 작은 냄비에 기름을 두르고 겨자씨를 넣습니다.

c) 커민 씨, 아사포에티다, 생강, 카레 잎, 강황, 고수 가루가 타지면 넣습니다.

d) 볶은 땅콩 가루와 토마토를 섞는다.

e) 콩과 물을 넣으십시오.

f) 음식이 완전히 익을 때까지 가끔씩 계속 저어주세요.

g) 설탕과 소금으로 간을 하고 고수 잎과 코코넛을 얹습니다.

77. 콜리플라워 코코넛 커리

구성 4 인분

재료:
- 콜리플라워 3 컵 – 작은 꽃으로 자른다
- 토마토 2 개 다진 것
- 오일 1 티스푼
- 겨자씨 1 작은술
- 커민 씨앗 1 티스푼
- 심황 꼬집음
- 다진 생강 1 티스푼
- 신선한 고수 잎
- 맛볼 소금
- 신선하거나 말린 코코넛 갈가리 찢긴

지침:
a) 기름을 데우고 겨자씨를 저어줍니다.
b) 나머지 양념을 넣고 30 초간 끓인다.
c) 토마토를 넣고 5 분간 조리합니다.
d) 콜리플라워와 약간의 물을 넣고 뚜껑을 덮고 부드러워질 때까지 가끔 저어가며 요리합니다.
e) 코코넛, 소금, 고수 잎을 넣습니다.

78. 콜리플라워와 감자 카레

구성 4 인분

재료:

- 작은 꽃으로 자른 콜리플라워 2 컵
- 입방체로 자른 감자 2 개
- 오일 1 티스푼
- 겨자씨 1 작은술
- 커민 씨앗 1 티스푼
- 5-카레잎 6 장
- 심황 꼬집음
- 다진 생강 1 티스푼
- 신선한 고수 잎
- 맛볼 소금
- 신선하거나 말린 코코넛 – 잘게 썬 것
- 레몬 주스 – 취향껏

지침:

a) 기름을 데우고 겨자씨를 저어줍니다.

b) 나머지 양념을 넣고 30 초간 끓인다.

c) 콜리플라워와 감자를 약간의 물과 함께 넣고 뚜껑을 덮고 거의 익을 때까지 끓입니다. 가끔씩 저어줍니다.

d) 뚜껑을 열고 야채가 부드러워지고 물이 증발할 때까지 요리합니다.

e) 코코넛, 소금, 고수 잎, 레몬 주스를 넣습니다.

79. 감자, 콜리플라워, 토마토 카레

3-4 인분

재료:

- 깍뚝썰기한 감자 2 개
- 작은 꽃으로 자른 콜리플라워 1½ 컵
- 잘게 썬 토마토 3 개
- 오일 1 티스푼
- 겨자씨 1 작은술
- 커민 씨앗 1 티스푼
- 카레잎 6 장
- 심황 꼬집음
- 다진 생강 1 티스푼
- 신선한 고수 잎
- 맛볼 소금
- 신선하거나 말린 코코넛 – 잘게 썬 것

지침:

a) 기름을 데우고 겨자씨를 저어줍니다.

b) 나머지 양념을 넣고 30 초간 끓인다.

c) 때때로 저어 주면서 끓입니다.

d) 콜리플라워, 토마토, 감자, 물을 넣습니다.

e) 코코넛, 소금, 고수 잎으로 마무리합니다.

80. 혼합 야채 렌틸콩 카레

구성 4 인분

재료:

- $\frac{1}{4}$ 컵 toor 또는 mung dal
- 야채 $\frac{1}{2}$ 컵 - 얇게 썬 것
- 물 1 컵
- 오일 2 티스푼
- 커민 씨 $\frac{1}{2}$ 작은술
- 간 생강 $\frac{1}{2}$ 작은술
- 5-카레잎 6 장
- 토마토 2 개 다진 것
- 취향에 따라 레몬 또는 타마린드
- 재거리 맛
- $\frac{1}{2}$ 소금 또는 맛
- 삼바르 마살라
- 고수 잎
- 신선하거나 말린 코코넛

지침:

a) 압력솥에 뚜르달과 야채를 20 분간 약하주세요.

b) 별도의 팬에 기름을 두르고 커민 씨, 생강, 카레 잎을 넣습니다.

c) 토마토를 넣은 후 34 분간 조리합니다.

d) 삼바르 마살라와 야채 달 혼합물을 추가합니다.

e) 1 분 동안 끓인 다음 타마린드 또는 레몬, 재거리, 소금을 넣습니다.

f) 23 분간 더 끓입니다.

g) 코코넛과 고수풀로 장식합니다.

81. 토마토 카레

구성 4 인분

재료:
- 다진 토마토 250g
- 오일 1 티스푼
- 겨자씨 ½ 작은술
- 커민 씨 ½ 작은술
- 4-카레잎 5 장
- 심황 꼬집음
- 판치 아사포에티다
- 다진 생강 1 티스푼
- 감자 1 개 – 익혀서 으깬 것
- 볶은 땅콩 가루 1~2 큰술
- 마른 코코넛 1 큰술
- 맛을 내기 위한 설탕과 소금
- 고수 잎

지침:
a) 작은 냄비에 기름을 두르고 겨자씨를 넣습니다.
b) 커민, 카레 잎, 강황, 아사포에티다, 생강을 넣습니다.
c) 토마토를 넣고 익을 때까지 가끔 저어줍니다.
d) 으깬 감자, 볶은 땅콩 가루, 설탕, 소금, 코코넛을 넣습니다.
e) 1 분 더 끓입니다.
f) 신선한 고수 잎으로 장식하고 서빙합니다.

82. 흰 바가지 카레

구성 4 인분

재료:

- 흰 박 250 그램
- 오일 1 티스푼
- 겨자씨 $\frac{1}{2}$ 작은술
- 커민 씨 $\frac{1}{2}$ 작은술
- 4-카레잎 5 장
- 심황 꼬집음
- 판치 아사포에티다
- 다진 생강 1 티스푼
- 볶은 땅콩 가루 1~2 큰술
- 갈색 설탕과 소금 맛

지침:

a) 작은 냄비에 기름을 두르고 겨자씨를 넣습니다.

b) 커민, 카레 잎, 강황, 아사포에티다, 생강을 넣습니다.

c) 흰 호박과 약간의 물을 넣고 뚜껑을 덮고 호박이 부드러워질 때까지 가끔 저어가며 요리합니다.

d) 볶은 땅콩가루, 설탕, 소금을 넣고 1 분간 더 끓인다.

83. 카레 겨울 멜론

구성 3 인분

재료:

- 기름 2 큰술
- 아사포에티다 ½ 작은술
- 커민 씨앗 1 티스푼
- 강황 가루 ½ 작은술
- 깍둑썰기한 겨울 멜론 1 개
- 깍둑썰기한 토마토 1 개

지침:

a) 중불에서 깊고 무거운 팬에 기름을 가열합니다.

b) 아사포에티다, 커민, 강황을 넣고 30 초 동안 또는 씨앗이 지글지글해질 때까지 요리합니다.

c) 겨울 멜론을 추가합니다.

d) 토마토를 넣고 15 분 동안 끓입니다.

e) 열에서 팬을 제거하십시오.

f) 팬을 완전히 덮도록 뚜껑을 조절하고 10 분간 둡니다.

84. **Stovetop Sambhar** 에서 영감을 얻은 카레

만든다: 9

재료:

- 익힌 콩 또는 렌틸콩 2 컵
- 물 9 컵
- 껍질을 벗기고 다진 감자 1 개
- 타마린드 페이스트 1 티스푼
- 깍둑썰기하고 채 썬 야채 5 컵
- 삼바르 마살라 2 큰술
- 기름 1 큰술
- 아사포에티다 분말 1 티스푼
- 흑겨자씨 1 큰술
- 대충 다진 말린 붉은 고추 5~8 개
- 굵게 다진 신선한 커레 잎 8-10 개
- 붉은 고추 가루 또는 카이엔 1 티스푼
- 굵은 바다 소금 1 큰술

지침:

a) 냄비에 콩이나 렌틸콩, 물, 감자, 타마린드, 야채, 삼바르 마살라를 넣고 중불에서 끓입니다.

b) 종기에 가져다.

c) 15 분 동안 또는 야채가 시들고 부드러워질 때까지 끓입니다.

d) 팬에 기름을 중불로 가열합니다.

e) asafoetida 와 겨자씨를 추가합니다.

f) 씨가 터지기 시작하면 붉은 고추와 카레 잎을 넣습니다.

g) 자주 저어주면서 2 분 더 끓입니다.

h) 카레 잎이 갈색으로 변하고 말리기 시작하면 렌틸콩에 넣습니다.

i) 추가로 5 분간 조리합니다.

j) 소금과 고춧가루를 넣습니다.

85. 펀잡 카레 콩 및 렌즈콩

만든다: 7

재료:

- 껍질을 벗기고 대충 다진 노란색 또는 붉은 양파 1 개
- 껍질을 벗기고 대충 다진 생강 뿌리 1 조각
- 껍질을 벗기고 손질한 마늘 4 쪽
- 그린 타이, 세라노 또는 카이엔 고추 2-4 개
- 기름 2 큰술
- 아사포에티다 $\frac{1}{2}$ 작은술
- 커민 씨 2 티스푼
- 강황 가루 1 티스푼
- 계피 스틱 1 개
- 정향 2 개
- 블랙 카다멈 꼬투리 1 개
- 껍질을 벗기고 다진 토마토 2 개
- 토마토 페이스트 2 큰술
- 조리된 렌즈콩 2 컵
- 삶은 콩 2 컵
- 물 2 컵
- 굵은 바다 소금 2 작은술
- 가람 마살라 2 티스푼
- 붉은 고추 가루 또는 카이엔 1 티스푼
- 다진 신선한 실란트로 2 큰술

지침:

a) 양파, 생강 뿌리, 마늘, 고추를 푸드 프로세서에 넣고 묽은 페이스트로 만듭니다.

b) 중불에서 깊고 무거운 팬에 기름을 가열합니다.

c) 팬에 아사포에티다, 커민, 강황, 계피, 정향, 카다멈을 넣습니다.

d) 30 초 동안 또는 혼합물이 지글거릴 때까지 요리합니다.

e) 양파 페이스트를 천천히 첨가하십시오.

f) 가끔 저어주면서 약 2 분 동안 갈색이 될 때까지 요리합니다.

g) 토마토, 토마토 페이스트, 렌즈콩, 콩, 물, 소금, 가람 마살라, 붉은 고추를 넣습니다.

h) 혼합물을 끓인 다음 약한 불로 줄이고 10 분 동안 계속 요리합니다.

i) 전체 향신료를 꺼내십시오.

j) 실란트로와 함께 제공하십시오.

86. 시금치, 호박 & 토마토 카레

만든다: 4

재료:

- 버진 또는 비정제 코코넛 오일 2 큰술
- 깍둑썰기한 중간 크기의 노란 양파 ½개
- 다진 마늘 3 쪽
- 다진 생강 2 큰술
- 옐로우 카레 가루 2 작은술, 순한 향신료
- 고수 가루 1 작은술
- ¾ 티스푼의 레드 페퍼 플레이크, 향신료에 대한 헤드노트 참조
- 다진 버터넛 스쿼시 4 컵
- 불에 구운 으깬 토마토 14 온스 캔
- ⅔ 전지 코코넛 밀크 컵
- 물 ¾ 컵
- 코셔 소금 1 티스푼
- 어린 시금치 4~5 컵
- 현미밥 4~5 컵

지침:

a) 냄비를 중불로 가열합니다. 코코넛 오일을 넣고 양파를 넣습니다. 양파가 부드러워지기 시작할 때까지 약 2 분 동안 조리합니다. 마늘과 생강을 넣고 1 분 더 끓입니다.

b) 카레 가루, 고수, 레드 페퍼 플레이크를 넣고 저어줍니다.

c) 잘게 썬 버터넛 스쿼시, 으깬 토마토, 코코넛 밀크, 물, 소금을 넣습니다.

d) 뚜껑으로 냄비를 덮고 모든 것을 끓입니다.

e) 불을 중불로 줄이고 호박을 15 분 동안 끓입니다.

f) 15 분 후 포크로 단호박 조각을 찔러 부드러운지 확인합니다.

g) 열을 끕니다. 아기 시금치를 넣고 시금치가 시들기 시작할 때까지 카레를 저어줍니다.

h) 현미 또는 좋아하는 곡물과 함께 그릇에 카레를 제공하십시오.

i) 원하는 경우 다진 땅콩을 얹습니다.

디저트

87. 아보카도를 곁들인 캐롭 무스

분량: 1 인분

재료:
- 녹인 코코넛 오일 1 큰술
- 물 ½ 컵
- 5 일
- 캐롭 가루 1 큰술
- 바닐라빈 가루 ½ 작은술 아보카도 1 개
- ¼ 컵 라즈베리, 신선 또는 냉동 및 해동

지침:
a) 푸드 프로세서에 물과 대추를 섞습니다.
b) 코코넛 오일, 캐롭 가루, 간 바닐라 콩을 섞습니다.
c) 아보카도를 넣고 몇 초간 섞는다.
d) 그릇에 라즈베리와 함께 제공합니다.

88. 매운 뽕나무 & 사과

구성 2 인분

재료:
- 카다멈 ½ 작은술
- 사과 2 개
- 계피 1 티스푼
- 멀베리 4 큰술

지침:
a) 사과를 굵게 갈아서 향신료와 섞는다.
b) 뽕나무를 넣고 서빙하기 전에 30 분 동안 그대로 둡니다.

89. 탱탱한 당근 케이크

만든다: 4

재료:

- 녹인 코코넛 오일 $\frac{1}{4}$ 컵
- 당근 6 개
- 빨간 사과 2 개
- 바닐라빈 가루 1 티스푼
- 신선한 날짜 4 개
- 잘게 간 레몬 1 개의 레몬즙 제스트 1 큰술
- 구기자 열매 1 컵

지침:

a) 당근을 덩어리로 자르고 굵게 다질 때까지 푸드 프로세서에서 펄싱합니다.

b) 조각으로 자른 사과를 섞습니다.

c) 나머지 재료를 넣고 잘 섞일 때까지 가공합니다.

d) 배터를 플래터에 놓고 서빙하기 전에 몇 시간 동안 식히십시오.

e) 구기자 열매를 얹습니다.

90. 크랜베리 크림

분량: 1 인분

재료:

- 아보카도
- 불린 크랜베리 1½ 컵
- 레몬즙 2 티스푼
- 신선하거나 냉동된 라즈베리 ½ 컵

지침:

a) 아보카도, 크랜베리, 레몬 주스를 섞는다.

b) 크림 같은 농도를 얻기 위해 필요한 경우 물을 추가합니다.

c) 그릇에 담고 라즈베리를 얹습니다.

91. 바나나, 그래놀라 & 베리 파르페

만든다: 2

재료:

- 제과용 설탕 1 큰술
- 저지방 그래놀라 ¼ 컵
- 슬라이스 딸기 1 컵
- 바나나 1 개
- 12 온스 비건 파인애플 맛 요거트
- 뜨거운 물 2 티스푼
- 무가당 코코아 1 큰술

지침:

a) 두 개의 파르페 잔에 비건 요거트, 얇게 썬 딸기, 얇게 썬 바나나, 그래놀라를 층층이 쌓으세요.

b) 코코아, 제과용 설탕, 물을 부드러워질 때까지 섞습니다.

c) 각 파르페 위에 이슬비가 내립니다.

92. 블루베리 & 피치 크리스프

만든다: 8

재료:

- 껍질을 벗기고 얇게 썬 신선한 복숭아 6 컵
- 신선한 블루베리 2 컵
- ⅓ 컵 플러스 ¼ 컵 라이트 브라운 설탕
- 아몬드 가루 2 큰술
- 계피 2 작은술, 나누어
- 글루텐 프리 귀리 1 컵
- 옥수수 기름 마가린 3 큰술

지침:

a) 오븐을 화씨 350 도로 예열하세요.

b) 블루베리와 복숭아를 베이킹 접시에 담습니다.

c) 결합하다 ⅓ 흑설탕, 아몬드 가루, 계피 1 티스푼

d) 복숭아와 블루베리를 넣어 섞어줍니다.

e) 글루텐 프리 귀리, 남은 흑설탕, 남은 계피를 섞습니다.

f) 바스라질 때까지 마가린을 자른 다음 과일 위에 뿌립니다.

g) 25 분 동안 굽습니다.

93. 오트밀 브륄레

구성 6 인분

재료:

- 아몬드 우유 3 $\frac{1}{4}$ 컵
- 글루텐 프리 압연 귀리 2 컵
- 바닐라 익스트랙 1 티스푼
- 계피 1 티스푼
- 선택한 라즈베리 또는 베리 1 컵
- 다진 호두 2 큰술
- 흑설탕 2 큰술

지침:

a) 오븐을 350°F 로 예열하고 머핀 틀에 선을 긋습니다.

b) 스튜 냄비에 있는 높은 끓는에 아몬드 우유를 가져오십시오; 귀리를 넣고 5 분간 뚜껑을 덮습니다.

c) 바닐라와 계피를 넣고 저어 섞습니다.

d) 각 머핀 컵에 오트밀을 반쯤 채웁니다.

e) 20 분 동안 냉장 보관합니다.

f) 각 오트밀 컵 위에 딸기, 호두, 갈색 설탕을 얹습니다.

g) 약 1 분 동안 황금색이 될 때까지 굽습니다.

94. 모듬 딸기 그라니타

만든다: 4

재료:

- 껍질을 벗기고 얇게 썬 신선한 딸기 ½ 컵
- 신선한 라즈베리 ½ 컵
- 신선한 블루베리 ½ 컵
- 신선한 블랙베리 ½ 컵
- 메이플 시럽 1 큰술
- 신선한 레몬즙 1 큰술
- 부순 얼음 1 컵

지침:

a) 딸기, 메이플 시럽, 레몬 주스, 얼음 조각을 고속 블렌더에 넣고 부드러워질 때까지 고속으로 갈아줍니다.

b) 베리 혼합물을 베이킹 접시에 옮기고 고르게 펴고 30 분 동안 얼립니다.

c) 냉동실에서 꺼내 포크로 그라니타를 완전히 저어줍니다.

d) 30 분마다 저어주면서 2 시간 동안 얼립니다.

95. 비건 무기당 호박 아이스크림

만든다: 6

재료:

- 집에서 만든 호박 퓨레 15 온스
- 씨를 빼고 다진 대추 ½ 컵
- 무가당 코코넛 밀크 14 온스 캔 2 개
- 유기농 바닐라 추출물 ½ 티스푼
- 호박 파이 향신료 1½ 작은술
- 계피 가루 ½ 작은술

지침:

a) 부드러워질 때까지 모든 재료를 혼합합니다.

b) 최대 2 시간 동안 얼립니다.

c) 아이스크림 메이커에 붓고 가공합니다.

d) 서빙하기 전에 2 시간 더 얼립니다.

96. 냉동 과일 크림

만든다: 6

재료:

- 코코넛 밀크 14 온스 캔
- 해동한 냉동 파인애플 덩어리 1 컵
- 해동한 냉동 바나나 조각 4 컵
- 신선한 라임 주스 2 큰술
- 소금 한 꼬집

지침:

a) 플라스틱 랩으로 유리 캐서롤 접시에 줄을 긋습니다.

b) 부드러워질 때까지 모든 재료를 혼합합니다.

c) 준비된 캐서롤 접시에 혼합물을 동일하게 채웁니다.

d) 서빙하기 전에 약 40 분 동안 얼립니다.

97. 아보카도 푸딩

만든다: 4

재료:

- 껍질을 벗기고 다진 바나나 2 컵
- 껍질을 벗기고 다진 잘 익은 아보카도 2 개
- 곱게 간 라임 제스트 1 티스푼
- 잘게 간 레몬 제스트 1 티스푼
- 신선한 라임 주스 $\frac{1}{2}$ 컵
- $\frac{1}{3}$ 컵 꿀
- 다진 아몬드 $\frac{1}{4}$ 컵
- 레몬즙 $\frac{1}{2}$ 컵

지침:

a) 부드러워질 때까지 모든 재료를 혼합합니다.

b) 4 개의 서빙 잔에 무스를 붓습니다.

c) 서빙하기 전에 2 시간 동안 냉장 보관하십시오.

d) 견과류로 장식하고 서빙하십시오.

98. 칠리와 호두 롤

분량: 2-3 인분

재료:

- 다진 당근 2 개
- 레몬즙 1 큰술
- 긴 조각으로 자른 김 5 장
- 호두 1½ 컵
- 소금에 절인 양배추 ½ 컵
- 불린 선드라이드 토마토 5 개
- ¼ - ½ 신선한 칠리
- 신선한 오레가노 ½ 컵
- 고추 ¼ 개

지침:

a) 푸드 프로세서에서 호두를 굵게 다질 때까지 펄싱합니다.

b) 당근, 햇볕에 말린 토마토, 고추, 오레가노, 후추, 레몬을 섞습니다.

c) 딥으로 그릇을 반쯤 채우십시오.

d) 김 조각에 너트 딥 3 큰술과 소금에 절인 양배추를 추가합니다.

e) 말아 올리세요.

99. 힐링 애플파이

만든다: 8

재료:
사과:
- 껍질을 벗기고 잘게 썬 사과 8 개
- 코코넛 설탕 16 큰술
- 옥수수 가루 2 큰술
- 바닐라 익스트랙 1 티스푼
- 코코넛 오일 1 티스푼
- 계피 가루 1 티스푼
- 맛을 내기 위해 바다 소금을 꼬집어 라.

페이스트리:
- 아몬드 가루 1¼ 컵
- ¼ 컵 코코넛 오일
- 1¼ 컵 글루텐 프리 밀가루
- 필요에 따라 물

지침:
사과:
a) 뚜껑이 있는 팬에 사과, 코코넛 오일, 코코넛 설탕, 바닐라, 계피, 소금을 넣습니다.

b) 약한 불에서 약 20 분 동안 가끔 저어가며 익힙니다.

c) 작은 그릇에 소량의 물을 넣고 옥수수 가루를 녹입니다.

d) 옥수수 가루와 물 혼합물을 넣고 잘 섞는다.

e) 사과가 걸쭉해지면 불을 끕니다.

페이스트리:

f) 오븐을 섭씨 180 도로 예열합니다.

g) 단단한 반죽이 될 때까지 물과 함께 큰 그릇에 모든 재료를 섞습니다.

h) 패스트리를 둘로 나누고 기름을 바른 파이 접시에 절반을 더합니다. 손가락을 사용하여 접시의 바닥과 측면을 가로질러 조심스럽게 누릅니다.

i) 카운터에 기름칠 방지 베이킹 페이퍼 한 장을 놓고 밀방망이를 사용하여 남은 페이스트리 반죽을 파이를 덮을 수 있을 만큼 큰 원형 모양으로 굴립니다.

j) 준비가 완료되면 사과 혼합물을 파이 크러스트로 옮깁니다.

k) 이제 파이 크러스트 위에 패스트리의 최상층을 놓습니다.

l) 손가락을 사용하여 파이 주변의 모든 가장자리를 눌러 제대로 밀봉되었는지 확인하여 크러스트 위에 크러스트의 최상층을 고정합니다.

m) 칼을 사용하여 파이 크러스트 상단 중앙에 작은 슬릿을 만듭니다.

n) 페이스트리 크러스트가 만졌을 때 단단하고 황금빛 갈색이 될 때까지 약 30 분간 굽습니다.

코코넛 & 오렌지 워터 마카롱

The picture can't be displayed.

만든다: 14

재료:

- 무가당 파쇄 코코넛 3 컵
- 정제되지 않은 사탕수수 시럽 4 큰술
- 녹인 코코넛 오일 4 큰술
- 오렌지 블라썸 플라워 워터 1 티스푼
- 구운 아몬드

지침:

a) 푸드 프로세서에서 코코넛이 아주 작은 조각으로 부서질 때까지 블리츠합니다. 약간의 질감을 보자.

b) 시럽, 오일, 꽃수를 넣습니다. 잘 결합될 때까지 블리츠.

c) 혼합물을 그릇에 넣고 냉동실에 5-8 분 동안 두세요. 이렇게 하면 코코넛 오일이 굳어 혼합물로 작업할 수 있습니다.

d) 기다리는 동안 아몬드 10-12 개를 푸드 프로세서에 넣고 작은 덩어리로 부순다.

e) 팬에 코코넛 오일 2 티스푼을 넣고 중약불로 가열한 다음 견과류를 넣고 향이 날 때까지 몇 분 동안 볶습니다.

f) 손바닥에 소량을 쥐었을 때 코코넛 반죽이 함께 유지되는지 테스트하십시오. 준비가 되었으면 손으로 작은 공 모양으로 짜십시오. 혼합물은 섬세합니다.

g) 공을 서빙 접시에 놓고 오렌지 잼과 구운 아몬드를 얹습니다.

결론

아유르베다 키친을 끝까지 읽으면서 요리의 원리와 그것이 제공할 수 있는 많은 이점에 대해 더 깊이 이해하셨기를 바랍니다. 전체 천연 재료를 사용하고 음식 준비 및 조합에 대한 지침을 따르면 몸과 마음의 균형, 건강 및 웰빙을 증진할 수 있습니다.

또한 이 요리책에 있는 조리법이 영양이 풍부하고 맛있다는 것을 발견하셨기를 바랍니다. 편안한에서 매운 야채 카레에 이르기까지 이러한 요리는 요리의 다양성과 풍미를 보여줍니다.

아유르베다 키친 원리에 따른 요리 가이드로 선택해주셔서 감사합니다. 우리는 이 고대 관행이 현대 세계에 많은 것을 제공한다고 믿으며, 이 책이 삶의 건강과 균형을 증진하는 새로운 방법을 발견하는 데 도움이 되기를 바랍니다. 그러니 가서 아유르베다 요리를 실험하고 그것이 제공하는 많은 이점을 즐기십시오

Milton Keynes UK
Ingram Content Group UK Ltd.
UKHW020701310723
426074UK00017B/1156